Gerd Kröncke
Der Prinz der Herzen
und andere Exzentriker
Britische Portraits

Gerd Kröncke

Der Prinz der Herzen und andere Exzentriker

Britische Portraits

Picus Reportagen

Picus Verlag Wien

Für Angelika und Johanna

Die Deutsche Bibliothek – CIP-Einheitsaufnahme

Kröncke, Gerd:
Der Prinz der Herzen und andere Exzentriker:
britische Portraits / Gerd Kröncke. – Wien:
Picus Verl., 1999
(Picus Reportagen)
ISBN 3-85452-713-6

Graphische Gestaltung: Dorothea Löcker Wien
Umschlagabbildung: © Pictor International
Druck und Verarbeitung Remaprint, Wien
ISBN 3-85452-713-6

Inhalt

Der König vom Bücherberg

Die Geschichte des Mannes, der Literatur jeder Art hortet, obwohl er Geschriebenes für die Wurzel allen Übels hält

Als ich ihn das erste Mal sah, habe ich den König nicht gleich erkannt. Er hockte in unbequemer Haltung zwischen hohen, vollen Regalen, sortierte mit wegwerfenden Handbewegungen ein paar Dutzend Bücher, wobei er niedrige Preise murmelte: »One Pound, three, one, two Pounds …« Dann, nachdem er sich zu voller Körpergröße von einsfünfundachtzig erhoben hatte, schlurfte er davon, vorbei an den hohen, vollen Bücherregalen. Ich fragte einen pfeiferauchenden Gentleman nach Richard Booth, und er wies mit dem Kopf hinter eben jenem Holzfällertypen her, der eine Stiege hinunterstapfte zu den Büchern im Keller. So sieht er also aus, der König von Hay, dachte ich und war ein bißchen enttäuscht, weil er wenig königlich wirkte in seiner selbst für einen massigen Menschen viel zu weiten Cordhose und der abgeschabten Tweed-Jacke und den beiden Pullovern und dem Hemd, das darunter hervorguckte.

Die Sache ist nämlich so: Richard George William Pitt Booth, geschieden, noch ohne Thronfolger, hatte sich selbst eines Tages zum König und gleichzeitig das Städtchen Hay im Tale des Flusses Wye zu einem unabhängigen Territorium ausgerufen. Die Revolution, ganz ohne Blutvergießen, war in Richards Behausung Hay Castle angezettelt worden. Mit Proklamationen und Märschen wurde die Unabhängigkeit zelebriert; es gab eine Ausstellung revolutionärer Kunst aus Hay und schließlich die Krönung Richard I. Ein Großteil der Bürger von Hay fand ihn unwiderstehlich, eine starke Minderheit freilich hielt sich irritiert abseits. Der Korrespondent einer lokalen Zeitung fragte allen Ernstes, wer wohl künftig Beamtengehälter zahlen und wer die Grenzen bewachen werde; die »Daily Mail« im fernen London sah bereits Wolken über Hay und zog, vielleicht doch nicht ganz ernstgemeint, Vergleiche mit Belfast. Und der Stadtrat beeilte sich mitzuteilen, daß er absolut nichts zu tun habe mit »Mr. Richard Booth's Unilateral Declaration of Independence«. Die Formel UDI, die für eine einseitige Unabhängigkeitserklärung steht, war nach dem Abfall Rhodesiens vom Mutterland in traumatischer Erinnerung.

Seitdem hat Richard manchen Rückschlag erlebt – zum Beispiel sind die Pässe, die damals ausgegeben wurden, in Vergessenheit geraten –, aber er hat sich doch sein wichtigstes Prinzip bewahrt: immer ein bißchen querdenken. Richard Booth ist, was man in diesem Lande einen »Great Eccentric« nennt, einer von den begnadeten Exzentrikern.

Kurzer Einschub über einige Exzentriker: Es ist kaum präzise festzulegen, wem solch ein Ehrentitel zusteht. Dem pensionierten Captain vielleicht, der, in der Nähe von Windsor lebend, alte Autos sammelt und allerhand Nützliches erfindet, wie etwa den heizbaren Handschuh für kalte Tage. Oder dem Unternehmer, der sich in den Kopf gesetzt hat, seinem kleinen Dorf Strumpshaw in Norfolk ein »Green« zu schenken, was mit der Bezeichnung Gemeindewiese nur unzureichend übersetzt ist; er finanziert sein Vorhaben, indem er yardweise Grundstücksbriefe an Amerikaner verkauft. Edith Sitwell, selbst eine Exzentrikerin, hat sie in ihrem Standardwerk »Englische Exzentriker« beschrieben: Der Typ, der seinem ungeratenen Sohn testamentarisch die rechte Hand vermachte, war sogar exzentrisch über den Tod hinaus. (Die Hand sollte vom Leichnam des Verblichenen abgenommen werden und dem Sohn die rechte Gottesfurcht beibringen.) Bemerkenswert finden wir auch den Lord, der immer im Nachthemd auf Jagd ging, und das nicht nur zur Sommerszeit. (Die heizbaren Handschuhe des lustigen Captain von Windsor waren zu Mrs. Sitwells Zeiten noch nicht erfunden.)

Heutzutage gilt es als exzentrisch, wenn ein Beamter aus Whitehall in nur zwei Zimmern lebt, von denen eines mit Büchern über Schmetterlinge und das andere mit Schmetterlingspräparaten vollgestopft ist. Die politische Variante des Exzentrikers entdeckte Auberon Waugh, ein sehr konservativer, gleichwohl brillanter Autor. Sein Beispiel ist Labours Linksaußen Tony Benn, nicht nur der Erbe eines Vermögens, sondern auch eines Lord-Titels (auf den er verzichtet hat). Benn, so Waughs Theorie, lege sich nur scheinbar so sehr für die Sache der Arbeiterklasse ins Zeug, tatsächlich trage seine Politik massiv dazu bei, daß Labour nie wieder an die Regierung kommt. Nur so könne er sein Vermögen und das noch größere seiner lieben Frau möglichst unangetastet lassen. Inzwischen, wie wir wissen, stimmt diese Theorie nicht mehr ganz, es sei denn, man nähme, was keine allzu exzentrische Theorie wäre, die neue Labour-Party als legitime Nachfolgerin der alten Tories.

Der Gentleman hingegen, den wir vor einigen Tagen im »Public House« »The Grey Horse« in Kingston upon Thames trafen, hatte lediglich einen Spleen: Er trug einen bernhardinergroßen Stoffhund mit sich herum, der verblüffend echt wirkte, wie er sich da am Boden räkelte. Manchmal drehte Herrchen sich um und blaffte den Köter an: »Du bleibst ganz still.« Dem »Zeit«-Kollegen Rudolf Walter Leonhardt verdanken wir noch ein Beispiel für einen Spleen: die melancholische Geschichte von dem ehemaligen Kapitän, der jeden Abend kurz vor acht seinen Club verläßt, weil er jeden Abend auf demselben Theaterplatz sitzen muß. Die eine Tänzerin, die wäre seine Tochter gewesen; genauso hätte sie ausgesehen, wenn er je eine Tochter gehabt hätte. Nun muß er aufpassen, daß ihr nichts zustößt. Leonhardt läßt sich von einer, wie er sagt, sehr klugen, sehr tüchtigen, sehr englischen und gar nicht verrückten Lady auf deren Landsitz erklären, daß es in England gottlob noch etliche Individualisten dieser Art gebe: »Aber sicher nicht mehr lange. Und jetzt entschuldigen Sie mich bitte einen Augenblick. Ich muß noch etwas mit meinen Blumen besprechen.« Die Konfidentin ist, vermute ich, Miriam Rothschild, die – klug, tüchtig und englisch – dem Prince of Wales bei einer Gartengestaltung mit ihrem Rat behilflich ist. Und Charles, wie jedermann weiß, spricht auch gelegentlich mit seinen Blumen.

Richard Booth hat keinen Spleen, vielmehr ist es ganz schön exzentrisch, wenn er sich als ein Mann präsentiert, für den Bücher und ihre Auswirkungen zu den großen Übeln dieser Welt gehören. Richard ist nämlich Antiquar und keiner von der altmodischen Art, die auf engem Raume Raritäten feilbieten. »Ich sehe jeden Tag 2000 Titel; sie sind fast alle miserabel«, sagt er, und er sagt auch: »Ich sehe die alten Balken im Schloß, die ein Zimmermann des Mittelalters gefertigt hat. Er konnte nicht lesen, aber die Balken sind herrlich.« Richard steht am Fenster: »Guck dir das an«, sagt er und weist resigniert hinaus. Da wird ein Haus gebaut, und der fertige Dachstuhl leuchtet hell herüber. »Matchboxes«, knurrt er verächtlich, »in zehn Jahren fällt das zusammen.« Im selben Maße, wie die Zimmerleute lesen und schreiben lernten, haben sie, so seine Theorie, ihr Handwerk vernachlässigt. Richard erweitert seine Theorie von der Schädlichkeit des gedruckten Wortes auf jeglichen Beruf, und das klingt schon seltsam bei einem, der sein Geschäft, in aller Bescheidenheit, den größten Secondhand Bookshop der Welt nennt.

Als Richard Booth 1961 nach Hay-on-Wye kam, hatte er – außer einer erstklassigen Ausbildung in Rugby an einer der Eliteschulen des Königreichs und an der Universität Oxford – ganze 800 Pfund Startkapital. Oxford hat er gehaßt, weil alle Kommilitonen entweder Bücher schrieben oder verlegten. Trotzdem muß er damals noch ein ziemlich normaler Intellektueller gewesen sein. Mit dem bißchen Geld und noch weniger Praxis gründete er seinen ersten Buchladen. Später, in den Siebzigern, gab es eine Zeit, da verfügte Richard Booth über zwei Millionen Bücher (heute sind es nur noch die Hälfte); und die elf Meilen Buchregale auch nur abzuschreiten, war mehr als eine Tagestour. Sie durchzogen ein ehemaliges Kino, zwei Filialen, acht Lagerhäuser, ein verfallenes Schloß, und sie waren dem Guinness-Buch der Rekorde einen Eintrag wert.

»Der Umgang mit Büchern ist Handarbeit, schwere körperliche Arbeit«, sagt Richard. Er spricht ein wenig lärmend und hat sich, was vielleicht am Bücherstaub liegt, ein ständiges Räuspern zugelegt. Er trägt einen dicken Schlüsselbund mit sich und wirkt mitunter wie die Karikatur des zerstreuten Intellektuellen. Etwa dann, wenn er unter all den Schlüsseln nicht den zum eigenen Office findet und wir Zuflucht suchen müssen in einem anderen, noch kälteren Raum.

Als Richard nach Hay-on-Wye in Wales kam, war das ein vergessenes Kaff auf der walisischen Seite an der Grenze zu England: Die Stadt hatte soeben ihre Eisenbahnverbindung nach Hereford eingebüßt, und die neue Durchgangsstraße zog sich auf der anderen Seite des Flusses hin. Wirtschaftlich stand Hay vor dem Ruin. Dort haben sie den Außenseiter, der zu allem Überfluß auch noch Engländer war, erst mißtrauisch beäugt, zumal er sich gern mit Paradiesvögeln umgab. Beispielsweise gehörte April Ashley zu seinem Gefolge, eine Dame, die zuvor ein Herr gewesen war und die Richard zur ersten Herzogin, zu Duchess of Offa's Dyke erhob.

Später haben die Leute eingesehen, daß der kuriose Mensch neues Leben nach Hay brachte, und heute gibt es nirgendwo im Königreich – dem richtigen, in dem Elisabeth herrscht – so viele Buchläden wie in Hay, weit mehr als zwei Dutzend, bei so wenig Einwohnern, wenig mehr als tausend. Gebrauchte Bücher, die längst nicht mehr alle von Richard Booth verkauft werden, haben der kleinen Stadt einen bescheidenen Wohlstand beschert.

Das alte Schloß, das keiner haben wollte, kaufte Richard für ein paar tausend Pfund. Jedenfalls war es billiger als der Rolls Royce, den er eine Weile fuhr, selbst billiger als der deutsche Porsche, den er seiner Frau einst schenkte. Seine Frau hat ihn verlassen; die teuren Autos hat er abgeschafft. Das Schloß ist in nicht sonderlich gutem Zustand. Eines Nachts war ein brennender Holzscheit vom Kaminrost gefallen und hatte einen großen Teil des »Castle« in Brand gesetzt. Nach der Überlieferung entkam Richard den Flammen in majestätischer Nacktheit, trug nichts als seine Krone – die selbstgemachte, die mit dem Stein aus einem Hundehalsband.

Seitdem scheint es, als hätte Richard ein merkwürdiges Verhältnis zu Feuern: Einmal, an einem 5. November, Guy-Fawkes-Day, an dem in Britannien die Freudenfeuer leuchten, baute er ein Monstrum von zehn Metern Höhe, dreißig Fuß, das hört sich noch großartiger an. Das Gebilde stellte, bevor es angezündet wurde, einen Bürokraten dar; der brannte lichterloh noch lange in der Dunkelheit. Ein andermal hat Richard fuderweise Bücher für ähnlichen Zweck verscherbelt. Für ein Pfund und fünfzig Pence gab es einen Kofferraum voll, als Brennmaterial für den Kamin. Er wußte einfach nicht mehr, wohin mit all den Büchern, die niemand kaufen wollte. Die Idee, den Schloßturm damit aufzufüllen und als spätere Grabstelle herzurichten, hatte er zuvor verworfen. Richard verteidigte die barbarische Idee: »Wenn Sie einige von den Büchern gesehen hätten – sie waren für moderne Universitäten gedruckt –, würden Sie mir zustimmen, daß ich ein gutes Werk getan habe.«

Dabei ist er keineswegs borniert, ist vielmehr weitgereist, war eben noch vor Weihnachten in Detroit. Oder war es Chicago? Aus diesen Gegenden beschafft der Altpapierhändler Richard Booth die meisten seiner Bücher, kauft sie bibliotheksweise und verschifft sie in Containern. Merkwürdigerweise kommen auch viele seiner Kunden eigens aus Amerika, aus Detroit oder Chicago, weil sie bei Richard Bücher kaufen, die sie daheim nicht finden. Es kommt darauf an, so eine seiner vielen Theorien, Spezialisten viel für ihr jeweiliges Spezialgebiet zu bieten. »Ich habe 4000 Bücher über Indianer. Wer immer sich für

Indianer interessiert, kommt nach Hay.« Oder alte Kameraden mit einer Schwäche für den Zweiten Weltkrieg. Richard hat einen ganzen Laden mit Weltkriegs-Literatur eingerichtet. Demnächst will er eine Abteilung für Zirkus-Bücher etablieren.

Der Zufall wollte es, daß nach unserer Audienz bei König Richard ein gesellschaftlicher Höhepunkt vorgesehen war. Das alte Schloß wurde in jener Nacht zum ersten Mal in diesem Winter angestrahlt. Mit violettem Licht wurde das Schloß überzogen. Richard hielt hof und bewirtete 200 Gefolgsleute mit Fleischbällchen und Hühnerschenkeln und jungem Beaujolais. Er hatte sogar einen Narren bei der Hand, Boots Bantock, einen Maler und Poeten. Der rezitierte unter freiem Himmel vor der violetten Schloßkulisse ein langes Poem, das vor allem vom Ruhm Richard I. handelte. Boots, wohl auch ein Exzentriker, trug an diesem Abend eine Schellenkappe und ein geflicktes Kostüm in den Farben des Regenbogens. Er hatte seinen Wohnwagen für ein paar Stunden verlassen, in dem er, ein paar Meilen entfernt, in der Landschaft lebt, wenn es im Zelt zu kalt ist.

Schöner als seine Verse aber sind seine Bilder. Wir sahen eines in dumpfen, melancholischen Farben in einem Kaminzimmer des Schlosses. Ein halbes Jahr hat er damit zugebracht, »Das Tal, das Dorf und das Schloß« zu malen. Richard aber sprach nur nebenher über den Maler und über das Schloß und war gleich wieder bei seiner Mission, den modernen Zeiten zu widerstehen. Richard liebt seine Feindbilder wie sich selbst. Er haßt: Bürokraten, die Touristen im allgemeinen und die Tourismus-Industrie im besonderen, das 20. Jahrhundert, Journalisten, Verleger (am meisten den »Times«-Verleger Rupert Murdoch), Supermärkte, Broschüren, aber insbesondere Akademiker, die Broschüren schreiben oder gar Bücher. »Ich glaube, England war groß im 18. Jahrhundert, als Akademiker völlig zu Recht als Langweiler und Freaks angesehen wurden.« Je mehr die Leute lesen, lautet eine der Maximen des Königs von Hay, desto unfähiger werden sie für jede sinnvolle Arbeit. »Bücher sind ein Denkmal für die Verrücktheit der Menschen.« Allerdings hat der Akademiker (Geschichte in Oxford) Richard Booth selber die eine oder andere Schrift verfaßt, deren Titel die Lektüre erübrigen. »Unabhängigkeit für Hay«, »Warum Woolworth die Stadt Brecon zerstören wird«, »Bringt die Pferde zurück«.

Wenn man die Autos bannen könnte, wieder zu einer Gesellschaft zurückkehrte, die sich mit ursprünglicher Pferdestärke fortbewegte, würde sich manches zum Besseren wenden. Ein Pferd für sein Königreich hat Richard längst, auf dem reitet er gelegentlich durch Cusop Dingle, das idyllische Tal, das hinter Hay beginnt, »manchmal Stunden um Stunden, ohne einem Menschen zu begegnen«. Früher, vor zwei Generationen, lebten 200 Leute in dem Tal, hatten alle ihr Auskommen. Die Supermarkt-Gesellschaft hat die kleinen Cider-Fabriken zerstört, die Werkstätten und die Bauernhöfe. Richard tritt dafür ein, daß die Menschen wieder konsumieren, was sie selbst anbauen. Dann würde Rupert Murdoch, der »Times«-Verleger, bankrott gehen, weil seine Zeitungen keine Anzeigen mehr hätten.

Das Leben ist wirklich nicht leicht für so einen König. Eigentlich würde er lieber in seinem Landhaus, zwei Meilen entfernt, aber schon jenseits der englischen Grenze, leben als in der eher unbequemen Behausung im Schloß. »Aber es ist besser, wenn ich hier bin«, sagt Richard. »Es gibt da nämlich jemanden im Ort, der sich für wichtig hält.« Dieser Herr, ein gewisser Leo Morelli, Absolvent der London School of Economics, kam Anfang der Achtziger nach Hay-on-Wye und kaufte Richard, der wohl gerade ein bißchen knapp bei Kasse war, das alte Bücher-Kino ab. Seitdem kabbeln sie sich, können einander nicht ausstehen, und Richard hat nur zu gern gehört, daß dem Narren am Vortag auch ein paar spitze Bemerkungen gegen den Herrn aus London eingefallen sind.

Was ihn aber wirklich gewurmt haben muß, den König von Hay, war die Posse, die sich seine Gegner vor ein paar Monaten haben einfallen lassen, das grenzte an Hochverrat: Da hat doch das lokale Monatsblatt aus heiterem Himmel eine Volksabstimmung veranstaltet, darüber, wer künftig König sein sollte. Richard, der dies nicht autorisiert hatte, dachte hinterher gar nicht daran zugunsten des Herrn Morelli abzudanken. Könnte ja jeder kommen und den Thron beanspruchen – das ist nämlich ein Friseur-Stuhl, den Richard selbst in Amerika beschafft hat. Ein Stück mit eigener Geschichte. Angeblich hat ein Mafioso namens Alberto Anastasia darin gesessen, als er standesgemäß erschossen wurde.

Aus dem Leben eines Habenichts

Vom späten Ruhm des Arbeiters Jeff Torrington und seinem Roman über das Leben in den Slums von Glasgow

Auf einem Videoband hat Jeff Torrington all seine öffentlichen Auftritte gespeichert. Es fällt ihm schwer, die Kassette zu handhaben. Er versucht dies mit weitausholenden Bewegungen zu kaschieren, die nicht ohne Grazie sind. Die motorischen Störungen, unter denen Jeff leidet, fortschreitende Folgen der Parkinsonschen Krankheit, machen ihm das Leben täglich schwer. Ohne die Medikamente am Morgen ließe sich das selbstgesteckte Ziel, bis zum Mittag 2.000 Worte zu Papier zu bringen, kaum erreichen. Seine elektrische Schreibmaschine kann Jeff nur noch mit zwei Fingern bedienen. Mit der Hand zu schreiben, und wäre es auch nur, sein Buch zu signieren, ist eine besondere Anstrengung. Nach einer Begegnung mit Jeff würde sich manch einer darauf besinnen, wie eitel es ist, wie vermessen, in zwei, drei Jahren den großen Wurf landen zu wollen, 500 Seiten zwischen festen Deckeln. Wie oft schon haben wir ehrenwerte Leute räsonieren hören, meist gelangweilt unterkühlt, daß sie eines Tages ganz groß rauskommen würden. Umso schöner ist es, jemanden wie Jeff Torrington zu treffen, der kaum in seinen Tagträumen daran gedacht hat, einen Amateur, der den großen Roman geschrieben hat, über sein faszinierend normales Leben.

Jeff Torrington aus Glasgow ist eines Tages in London mit einem Preis für das beste Buch des Jahres bedacht worden. Ausgeschrieben von der Whitbread-Brauerei ist dies einer der wichtigen britischen Literatur-Preise, dotiert mit 50.000 Mark. Auch in der Nach-Thatcher-Zeit ist es weitgehend Sache privater Initiative, Kunst und Literatur zu fördern – und so lange die Vorstandsvorsitzenden nicht die Gewinner bestimmen, mag das angehen. Whitbreads Preisverleihung ist immer ein Ereignis für die politische, die gesellschaftliche Klasse, zu der Jeff nie gehören wird. Die Buchmacher nehmen Wetten an, aber er ist kein Favorit gewesen, und einer wie er ist nie zuvor nominiert worden. Dreißig Jahre hat es gebraucht, seinen Roman »Swing Hammer Swing« zu Ende zu schreiben.

Das ist eine Momentaufnahme aus dem Leben eines Habenichts, eines Mannes, der ein Buch schreibt, das keiner lesen will: drei Tage im Dezember in den »Gorbals«, dem Arme-Leute-Quartier in Glasgows Osten. Seine schwangere Frau liegt im Hospital, und er betrügt sie nicht nur, indem er den Kinderwagen versetzt und das Geld auf einen Gaul wettet, so ein todsicherer Tip, auf den der Zocker schwört, bis das Rennen gelaufen ist. Jeff beschreibt ein paar »Glaswegian characters«, mit denen der Leser lange lebt, und zeichnet ein letztes melancholisches Bild von den Gorbals aus der Zeit, bevor die Stadtplaner in ihrer Weisheit alles niedergemacht haben und Schlimmeres an ihre Stelle bauen ließen. Kritiker verglichen das Buch mit dem »Ulysses«, Jeffs Buch könne für Glasgow das werden, was der »Ulysses« des James Joyce für Dublin ist.

In den Gorbals, südlich des Flusses, lebten vor der industriellen Revolution die feineren Leute. Später war es vorübergehend ein jüdisches Viertel, aber die längste Zeit, gut hundert Jahre lang, bis in die sechziger Jahre hinein, in denen Jeffs Roman spielt, waren sie die berüchtigsten Slums von Schottland. Iren siedelten hier nach der großen Hungerkatastrophe, als die Kartoffelernte vernichtet worden war. Sie waren das Proletariat, das Eisenbahnen und Kanäle baute, und die wenigen, die zu Wohlstand kamen, waren die Kneipenwirte und die Buchmacher, die nichts mit dem Pegasus der Literatur zu tun haben, sondern Wetten auf Gäule vermitteln. Die Proleten in den Gorbals brauchten keine Schulen, jedenfalls keine guten. Jeffs Erziehung blieb denn auch eher rudimentär, »Junge, pack das Buch weg«, pflegte Mutter zu sagen, der das viele Lesen unheimlich war.

Jeff ist zeit seines Berufslebens ungelernter Arbeiter gewesen. Mit zwölf hatte ihn eine Tuberkulose erwischt, was nicht ungewöhnlich war in diesen Slums, und er blieb erst ein Jahr zu Hause und dann neun Monate in einem Sanatorium. »Ich habe die Schule nicht wieder gesehen.« Aber wenigstens hat er sich im Sanatorium durch eine Bibliothek von Penguin-Taschenbüchern gelesen, eine Gewohnheit, die er später beibehielt.

Die alte Volksbücherei in den Gorbals ist das letzte Gebäude, das sie, unter Denkmalschutz, übrig gelassen haben.

Jeff wär gern zur Airforce gegangen, aber mit seiner Krankengeschichte hätte ihn nicht einmal die Nachschubtruppe genommen. Seine Tb würde wieder aufbrechen, warnte der Doktor, und als sich Jeff stattdessen in einem Job wiederfand, in dem er morgens um vier Kohlen in Lokomotivkessel schaufelte, fragte er sich: »Was sagst du nun, Dr. Richie?« Seither hat er sich mit allerlei Tätigkeiten durchgeschlagen, für die es hierzulande keine weitere Qualifikation braucht. Feuerwehrmann, Packer in einem Lagerhaus für Bananen, auf sieben Berufe kam er, stand zuletzt am Fließband einer Autofabrik in Linwood bei Glasgow. Seit die dicht gemacht hat vor zehn Jahren, hatte er gar keinen Job mehr, denn das fiel in die Zeit, als die Ärzte die Parkinsonsche Krankheit diagnostizierten.

In den sechziger Jahren hatte Jeff angefangen, an seinem Roman zu schreiben. Er hatte, ein junger Mensch von 26, wohl literarische Ambitionen, aber wer sollte schon drucken, was er sich nach Feierabend ausdachte. Jeff kramt ein altes, vergilbtes Album hervor, in das er, nur mit ungefähren Daten versehen, Kurzgeschichten eingeklebt hat. Vergilbte Zeitungsausschnitte können etwas Anrührendes haben. Das Honorar war natürlich erbärmlich, aber er sah seinen Namen in der Zeitung, auch wenn's nur das Lokalblatt war.

Er pflegte nach der Schicht in der Küche zu schreiben, und wenn seine Frau Margaret das

Essen vorbereitete, verzog er sich ins Schlafzimmer. Erst wenn die Kinder, drei wurden es, zu Bett gebracht wurden, konnte er wieder an den Küchentisch. »Du erzählst deinen Kumpels nicht davon, in der Arbeiterklasse sagt man nicht, daß man schreibt.« Während eines Abendschulkursus über die Kunst des Schreibens hat ihm ein Autor geraten, er solle doch nicht immerzu Geschichten mit einem Knalleffekt schreiben, weil das leicht verkrampft wirke, und daran hat sich Jeff seither gehalten. Das Buch, dessen Slang wahrscheinlich unübersetzbar ist, ist denn auch in sich komisch, ohne auf witzige Pointen zu setzen. Über die Jahre hat er den Roman der Menschen in den Gorbals und über die Zerstörung ihres Quartiers immer wieder neu geschrieben, siebenmal insgesamt. Als vor zehn Jahren sein linker Arm unkontrolliert zu zittern begann, als dann schließlich die Parkinsonsche Krankheit diagnostiziert wurde, hat er das Manuskript monatelang nicht mehr angerührt, aber schließlich hat er doch weitergemacht, auch wenn – »Schreiben ist ein Kampf « – der rein physische Vorgang des Schreibens ihn zunehmend anstrengte.

Gewiß, die Gorbals sind ein Slum gewesen, und es war ein rauhes Leben. Glasgow ist eine der Städte, in die die Iren ihre Schwierigkeiten exportiert haben. Wenn auch nicht in dem Maße wie auf der anderen Seite der Irischen See, gibt es doch noch immer Spannungen, die sich beispielsweise im Fußball manifestieren – die Rangers sind protestantisch, Celtic Glasgow ist katholisch. Am Jahrestag der Schlacht an der Boyne, (als der katholische James vom protestantischen William geschlagen wurde,) »konnte es passieren, daß du von Jungen gefragt wurdest: ›Bist du ein Billy, ein Dan oder eine alte Konservenbüchse?‹« Die Frage ist, ob einer Protestant ist oder Katholik oder Jude. Und die richtige Antwort? »Laufen«, sagt Jeff, »ganz schnell weglaufen.«

Was anstelle der alten niedrigen Häuser gebaut wurde, mag Architekten und Stadtplaner für ein paar Jahre beeindruckt haben, die mußten ja nicht da leben. Wenn Armut in Hochhäusern haust, dann geht auch alle Gemeinschaft vor die Hunde. Sie haben die alten Gorbals durch seelenlose Klötze ersetzt, und wer immer die Chance hatte, ist abgehauen, verzehrt die Sozialhilfe anderswo. Ein paar Hochhäuser der späten sechziger Jahre stehen längst leer, Zutritt verboten, hohe Zäune sollen abschrecken. Aber selbst festinstallierte Kameras hindern die Junkies nicht, nachts einzudringen.

Nebenan das Einkaufszentrum, oder das, was davon übrigblieb. Die Geschäfte sind vernagelt, die paar, die noch nicht dichtgemacht haben, zeigen wenig Geschäftigkeit. Queen Elizabeth Square heißt der Platz, heutzutage wird Majestät auf vielerlei Weise beleidigt. Ein Rechtsanwalt hat sich in einem der letzten Ladenlokale niedergelassen, wirbt mit einem Plakat an der Fensterfront. Rät potentieller Klientel, rechtzeitig hereinzuschauen. Morgen kann es zu spät sein, warnt eine Graphik mit drohenden Gefängnisgittern. Die Grafittis sind drastischer als anderswo, aber weniger kunstvoll. Alte Frauen bleiben nicht stehen.

Junge Männer schauen feindselig. Wer einen Mantel hat, der schlägt den Kragen hoch.

Wahrscheinlich würde Jeff noch immer an seinem Roman herumschreiben, würde unterdessen vielleicht eine achte Fassung redigieren, wenn nicht eines Tages sein Freund, der Autor James Kelman, das Typoskript gelesen hätte. »Jim sagte: ›Schluß jetzt, es ist fertig. Ich zeige es meinem Verleger.‹« Und zu seiner grenzenlosen Verblüffung wurde das Stück sofort akzeptiert, nicht nur das, das Verlagshaus Secker & Warburg zahlte ein Vorschußhonorar von 3.000 Pfund.

Und nun, mit 58, ist Jeff Torrington ganz unerwartet geworden, was er sich immer erträumt hat: ein bekannter Autor. Er lebt immer noch in diesem grauen, kleinen Einfamilienhaus, ein Dutzend Meilen entfernt von den Gorbals, in das sie damals umgezogen sind. Sogar ein bißchen Geld hat er plötzlich. Er ist zum ersten Mal in seinem Leben geflogen, zur Preisverleihung in London. Ach, diese Preisverleihung. Auf Videoband ist dokumentiert, wie gut er das hingekriegt hat, trotz der Krankheit. Alle waren überrascht, wo doch einige der Mitbewerber berühmte Autoren waren, unter ihnen die Biographin Victoria Glendinning. Vor lauter Aufregung hatte Jeff noch den Scheck über 20.500 Pfund verloren.

Er will einmal im Leben nach New Orleans reisen, um Jazz zu hören, wie er ihn sich vorstellt. Dazu hat er einen Paß beantragt, den hatte er bislang nicht.

Seine Lordschaft – auch ohne Tizian ein Original

Ein malender Verfechter der Vielweiberei

Der Marquess kann einem leid tun. Nachdem ihm ein paar rare Goya-Radierungen aus dem Herrenhaus gestohlen wurden, hatte er eine zusätzliche Alarmanlage installieren lassen. Doch nun ist auch der Tizian weg. Das kleinformatige Bild, »Rast auf der Flucht nach Ägypten«, ist nicht zu ersetzen, fünf Millionen Pfund werden als Wert genannt. Dabei ist es unverkäuflich, möglicherweise hat ein reicher Narr eine Bestellung aufgegeben, die nur per Einbruch zu erledigen war. Der Raub werde ihn nicht davon abhalten, hat der Lord versprochen, sein Haus auch weiterhin dem zahlenden Publikum offenzuhalten, »aber man könnte schon starke Gründe dafür finden, alles zu kopieren und die Originale im Safe zu verschließen«. Das wäre ein Jammer.

Jedenfalls hat der Raub in Longleat House uns nicht nur einen wunderschönen Tizian (»das Juwel der Sammlung«) in Erinnerung gerufen, sondern auch die Figur des siebten Marquess von Bath vergegenwärtigt. Er selbst spottet über jede Beschreibung. »Es ist nur meiner großen inneren Bescheidenheit zuzuschreiben«, hat Alexander Thynn, der Lord, einmal gesagt, »daß ich nicht unerträglicher bin, als ich hätte werden können.« Aber man kann schon sagen, daß er selbst nach den Maßstäben des englischen Hochadels ein ungewöhnlicher Mensch ist – des Exzentrikers Exzentriker gewissermaßen. »Das schlimmste an der britischen Gesellschaft«, sagt er, wenn er gut gelaunt ist, »sind die Klassengegensätze.« Leute wie er müßten diese Klassengesellschaft aufbrechen.

Schon sein Äußeres ist ungewöhnlich, zumindest für den Hausherrn eines der schönsten englischen Herrenhäuser. Seine Lordschaft, den die Boulevardzeitungen den »Hippy Peer« nennen, erfreut sich einer zotteligen Mähne und eines rupfigen Bartes. Er trägt am liebsten einen weiten Poncho, unter dem er sommers auch gern barfuß geht. Wenn's kälter wird, streift er zu seinen ausgebleichten Jeans einen violetten Pullover mit schreienden Karos über. Mit seinen 62 Jahren spielt der Marquess noch immer den Künstler.

Und was für einen. Als Maler, schreibt er in seiner timiden Selbsteinschätzung, könnte man ihn mit van Gogh vergleichen und mit den Expressionisten. Er könnte sich aber auch »einfügen in eine erlesene Bande von eingesperrten Verrückten, deren Arbeiten als Beleg für psychiatrische Fortschritte durch das Medium der Kunst vorgeführt werden«. Eines seiner favorisierten Sujets bildlicher Darstellung sind die Frauen, mit denen er engeren Umgang gepflegt hat. Lord Bath ist ein Verfechter der Vielweiberei. In seiner reichen Praxis hat er es auf 55 – oder waren es 62? – gebracht, was er für sein Alter als maßvoll empfindet. Nicht, daß er jede gleich geehelicht hätte, aber er hat sie alle gemalt. Heiraten konnte er nur eine, die das Künstlerleben durchaus nicht gerne sieht.

Er hat auch nur zwei inzwischen erwachsene Kinder, darunter den Erben von Titel, Land und Herrenhaus.

Nach der ihm eigenen Moral sollen Frauen selbst die Familienform wählen, die sie für richtig halten. Die Damen, deren Bilder er in seiner – wie er es nennt – »Blaubart-Kollektion« versammelt hat, haben sich dann doch alle entschlossen, nicht auf Dauer mit dem Lord zusammenzuleben. »Ich habe versucht, ein Pionier der polygamen Familie zu sein, aber es hat sich nicht so ergeben.« Er müsse auch zugeben, daß zwei Kinder nicht ganz dasselbe sind wie hundert, die er hätte haben können. Und wie es sich so anläßt, wird der Lord den Verdacht nicht los, daß seine beiden Kinder den Idealen des Vaters nicht nachstreben.

Unter mangelndem Selbstvertrauen hat der Marquess schon als Kind kaum gelitten. Er erinnert sich gut daran, wie er mit drei Jahren im Fond eines großen schwarzen Autos saß, das durch eine jubelnde Menschenmenge fuhr. Das Kind fand es ziemlich selbstverständlich, daß all die Leute ihm zuwinkten. Erst später hat es erfahren müssen, daß die Begeisterung dem Monarchen George V. galt, der sich 1935 anläßlich seines Silbernen Thronjubiläums huldigen ließ.

Es gab Zeiten, da war selbst sein Vater mit Alexander Thynn zufrieden, weil der genau den Weg einzuschlagen schien, der einem Aristokraten zukommt. Nach Eton kam Oxford. Als Wehrpflichtiger wurde er Leutnant beim »Life Guards«-Eliteregiment. Dem kontinentalen Vorurteil, daß die Oberklasse über die Generationen verweichlicht wäre, widerspricht allein die Tatsache, daß sich der junge Alexander zum Offiziers-Champion (Weltergewicht) der Armee durchboxte. Doch danach wollte er erstmal leben und hat sich mit seinem Vater überworfen. Auch wenn die Rebellion des jungen Lord erst in den sechziger Jahren begann, hatte es ein traumatisches Erlebnis gegeben, das ihn dem Alten entfremdete. Näheres wird erst in der Autobiographie zu lesen sein, die der Lord seit vielen Jahren schreibt. Er ist jetzt bei seinem 26. Lebensjahr, das Werk soll fünfzig Bände umfassen. Er glaube nicht, daß er zu Lebzeiten fertig werde.

Als der Marquess in jüngeren Jahren – als ältester Sohn – noch Viscount Weymouth war, drückte er sich ein bißchen auf Malschulen in Paris herum, lebte eine Weile in St. Tropez, heiratete seine Frau, die er als 15jährige vor einem Pariser Kino getroffen hatte, wurde von den britischen Boulevardzeitungen dankbar begleitet. Sie nannten ihn auch »Lord Libido«. Zweimal trat er bei Wahlen als Kandidat einer Wessex-Regional-Partei an, erreichte mit ein paar hundert Stimmen weder Westminster noch Straßburg. Mit seinem Vater hat er sich nicht mehr ausgesöhnt, aber als der sechste Marquess starb, trat Alexander das Erbe an. Dabei räumt er ein, daß er die automatische Erbfolge des Erstgeborenen für Unsinn hält. Sollte je im Oberhaus darüber befunden werden, würde er dagegen stimmen.

Trotzdem hat der neue Marquess seinen Bruder, der bis dahin die Geschäfte von Longleat geführt hatte, binnen einer Woche hinausgeworfen.

Vielleicht ist die Exzentrizität des Marquess nichts als Tarnung eines ausgeprägten Geschäftssinns. Sein Vater war, gleich nach dem Weltkrieg, der erste Edelmann, der sein Haus dem zahlenden Publikum zur Besichtigung freigegeben hat. Er war auch der erste, der einen Safari-Park einrichtete; in Longleat erfahren jährlich Hunderttausende nicht nur, wie die Nobilität so lebt, sie sehen zudem Elefanten, Löwen und anderes Getier. Die kühl kalkulierte Entscheidung des Marquess, außer Sichtweite des Elisabethanischen Herrenhauses einen Ferienpark bauen zu lassen, würden nur Umweltschützer als exzentrisch kennzeichnen.

Die Lords auf Longleat in Wiltshire sind eben immer auch Geschäftsleute gewesen. Schon der Erbauer des Hauses wußte, auf welcher Seite der Toast gebuttert ist. Er war Küchenverwalter Heinrichs VIII., und als die Klöster geplündert wurden, kam John Thynne billig an ein paar Ländereien. Fast wäre er wegen Unterschlagung hingerichtet worden. Später wurde die Familie geadelt, erst zu Baronets, dann unter Charles II. zu Viscounts, und 1789 schließlich gab es den ersten Marquess of Bath. Der vierte Marquess, der Ur-Ur-Großvater des derzeitigen Titelhalters, brachte mehr Kunst ins Haus und kaufte unter anderem den Tizian. Nachfahr Alexander pflasterte den Westflügel mit seiner eigenen Kunst zu. Er neigt dazu, dick aufzutragen, so dick, daß sein verbitterter Bruder die Kunstwerke als »pornographische Pizza« verspottet.

In seinem Bemühen, die Klassengesellschaft

zu überwinden, ist der Künstler-Marquess nicht weit fortgeschritten. Er läßt sich von seinen Leuten noch immer als »Eure Lordschaft« anreden. Und manchmal gibt er zu, daß so ein Titel unbezahlbar ist fürs Geschäft.

Das Rätsel des siebten Lords

Seit einem Mord vor einem Vierteljahrhundert ist der englische Graf Lucan spurlos verschwunden

Vielleicht ist er tot, vielleicht lebt er in fremden Landen und mokiert sich über die, die nach ihm fahnden. Lady Lucan würde ihr Leben darauf wetten, daß ihr Mann tot ist. Doch seine drei Kinder, die ihn seit einem Vierteljahrhundert nicht gesehen haben, wollten das lange nicht glauben. Als in den Gesellschaftsnachrichten der *Times* neulich die Heirat eines Mr. M.G. Bloch QC annonciert wurde, firmierte die junge Braut als »Camilla, jüngere Tochter des Grafen Lucan, wo immer er sein mag, und der Gräfin Lucan«.

Etwaige Post an Lord Lucan kann an das »House of Lords« gerichtet werden, bleibt aber ohne Antwort. Im Verzeichnis der Mitglieder steht der siebte Graf Lucan zwischen einem Lordrichter aus Belfast und einer Baronin aus Winchester. Einer seiner Vorfahren war 1632 geadelt worden, und seither sitzt der jeweils älteste Sohn im Oberhaus. Wenn er wollte, könnte der Graf, den seit einem Vierteljahrhundert keiner mehr gesehen hat, auf jeder beliebigen Sitzung auftauchen.

Doch nun hat Lucans Sohn George, dem als männlichem Erben schon der Titel eines Lord Bingham zusteht, beschlossen, sich künftig selber Lord Lucan zu nennen, den achten. Das werde zunächst ein bißchen schwierig werden. »Stellen Sie sich vor«, sagte der 30jährige Banker der *Daily Mail*, »man bucht einen Restaurant-Tisch mit diesem Namen und hört eine ironische Stimme: ›Gewiß, mein Lord, und wird Mr. Elvis Presley Sie begleiten?‹«

An einem stürmischen Novemberabend 1974 war die junge Lady Lucan ganz aufgelöst ins Gasthaus Plumber's Arms gestürzt. Sie war nur im Nachthemd, über und über mit Blut beschmiert, und schrie: »Helft mir, ich bin einem Mörder entkommen.« Dann verfiel sie ins Schluchzen. »Meine Kinder … meine Kinder … «, rief sie, »er ist im Haus … Er hat die Nanny umgebracht.« In dem Haus an der Lower Belgrave Street im vornehmen Londoner Stadtteil Belgravia lag das arme Kindermädchen Sandra Rivett, erschlagen. Neben ihr die Mordwaffe, ein blutiges Bleirohr. George und seine jüngere Schwester schliefen noch, als die Polizei kam; nur die älteste Tochter stand verstört neben ihrem Bett.

Der Fall Lucan ist ein Kriminalstück aus der Welt des Adels, nur daß es real ist. Und anders als in Agatha Christies »Mausefalle«, die in London noch länger läuft, fehlt die Auflösung bis heute. Der Mörder war der Graf, hat seine Frau gesagt, aber seit jener Nacht hat ihn keiner mehr gesehen, und Scotland Yard wartet noch immer, daß er ihnen hilft bei ihren Ermittlungen. Der siebte Lord Lucan ist seit zwei Jahrhunderten der erste seines Standes, der wegen Mordes gesucht wird.

Es sind eine ganze Reihe Bücher über den Fall

erschienen, und manche kommen zu dem Schluß, daß er doch nicht der Mörder der jungen hübschen Nanny gewesen ist, jedenfalls nicht persönlich. Während der Journalist Patrick Marnham der Meinung ist, daß Lucan einen Killer bezahlt hat, der die Lady umbringen wollte und in der Finsternis die falsche getroffen hat, breitet die Autorin Sally Moore die Theorie aus, daß der Mörder ein Polizist war. Frau Moore zitiert einen Chefsuperintendenten, der mit dem Fall befaßt war. Kurz nach einer gerichtlichen Untersuchung, die Lucans Täterschaft bestätigte, habe der Beamte ihr gegenüber eingeräumt, daß die Mordwaffe auch ein Polizeiknüppel hätte sein können. Er habe, über den Mörder spekulierend, hinzugefügt: »Es kann auch ein Polizist gewesen sein.« Außerdem: Einem früheren Kindermädchen habe Lady Lucan gesagt, daß sie »unvorsichtig gegenüber einem Polizisten« gewesen sei, dem sie ihre Juwelen gezeigt habe.

Doch Lord Lucan blieb immer der Hauptverdächtige. Einer der damaligen Ermittler, der pensionierte »Chief Inspector« Dave Gerring, erklärte vor ein paar Monaten in einem Interview:

»Ich bin sicher, daß Lucan an einem abgelegenen Flecken wie ein Kolonialherr lebt, mit einem neuen Aussehen und einer Flasche Whisky neben sich.« Eine der Theorien lautet, daß der Lord mit Hilfe von einflußreichen, vor allem aber reichen Freunden irgendwo untergetaucht ist.

Lord Lucan war in Eton erzogen worden; später wurde er Reserveleutnant eines Eliteregiments und verdiente ein bißchen als Banker in der City.

Sein Verhängnis war, daß er mit dem Titel auch das Familienvermögen erbte. Eine Viertelmillion Pfund war in den sechziger Jahren mehr Geld, als sich das heute anhört. Hinzu kamen regelmäßige Einnahmen aus Immobilienbesitz in London und Rhodesien, in Irland und der englischen Provinz. Lucan, der fest an sein Glück glaubte und den die Freunde »Lucky« nannten, begann seine neue Karriere – als Spieler. Sein Gesellenstück war ein 20.000-Pfund-Gewinn beim Bakkarat.

Sein Aufstieg als Spieler war steil, aber eines Spielers Glück ist selten von Dauer. Seinen Niedergang, der sich lange hinzog, trug er mit dem Hochmut seiner Klasse. Photos zeigen einen blasierten Adligen, der aussieht wie ein Lord in der siebten Generation, und dem niemand irgendwelche Selbstzweifel zutrauen würde. So wenig wie seinem Vorfahr, dem dritten Lord Lucan, der im Krimkrieg die leichte Kavallerie in das Gemetzel von Balaklava schickte – eine der großen Schlächtereien der englischen Kriegsgeschichte, pathetisch verewigt vom Dichter Tennyson. In feineren Spielerkreisen blieb der siebte Lord auch akzeptiert, als er schon bankrott war. Er trank mehr als andere und hatte das Familiensilber längst zu Christie's getragen.

Im Klub war er eine Art Haus-Spieler, mit noblem Titel zahlende Gäste beeindruckend. »Es war eine verdammt einfache Art zu leben«, sagte ein Gefährte jener Jahre, »freie Mahlzeiten, Freunde – das Leben eines Schuljungen.« Lucan, der adlige Müßiggänger von schlichtem, konservativen Denken, hatte sich von seiner Familie getrennt, lebte aber weiterhin in Belgravia, ein paar Straßen entfernt vom Domizil der Familie in einer winzigen Wohnung. Mit seiner Frau kämpfte er um das Sorgerecht für die Kinder. Kurz vor einem Gerichtstermin ließ er die drei im Hyde-Park entführen und zur Großmutter schaffen. Ein Richter entschied jedoch zugunsten der Mutter, mit der Maßgabe, ein Kindermädchen einzustellen.

Die letzte Spur nach dem Mord an der Nanny führte nach Newhaven, einem kleinen Hafen in der Nähe von Brighton. In dem Auto, daß er sich von einem Freund geliehen hatte, fand man die andere Hälfte des Bleirohrs, mit dem die Nanny totgeschlagen worden war – es sei denn, man folgte der Theorie vom Polizeiknüppel. Lucan hatte ein paar letzte Briefe an Freunde geschrieben, in denen er von den »schrecklichen Begebenheiten der vergangenen Nacht« sprach: Er sei in das Haus an der Lower Belgrave Street gekommen und habe den Mörder fliehen sehen. Die Umstände sprächen gegen ihn, und seine Frau werde ihm alles anlasten. Er müsse deshalb für eine Weile von der Bildfläche verschwinden.

Lady Lucan bekundete zwar, daß sie den Mord nicht gesehen habe, aber sie sei von ihrem Mann attackiert worden. Er habe ihr die Finger in den Schlund gestoßen, um sie zu ersticken. »Und Sie haben keinen Zweifel, daß er es war?« hatte der Ermittler gefragt. »Nein, nicht im geringsten.« Seitdem wird der Lord, der nun ein älterer Herr sein müßte, immer wieder und auf der ganzen Welt gesichtet – in Hongkong, Australien und Brasilien, besonders oft im Süden Afrikas. Einmal haben Beamte des Yard seinen Sohn bis nach Südafrika beschattet, weil sie hofften, er würde sie zum Vater führen.

Als Schüler, in Eton natürlich, pflegte der junge Lord seinen makabren Spaß zu machen. »Ach, da ist ja schon wieder ein Brief von Daddy«, pflegte er zu sagen. Und noch vor ein paar Jahren suchte er Leute zu schockieren, die ihn nach seinem Vater fragten: »Das letzte, was ich hörte, war, daß er in Botswana ist. Aber ich bin nicht sicher, die Verbindung war ziemlich schlecht.« Nun wird sich der Erbe beeilen müssen, wenn er noch ins »House of Lords« einziehen will, weil Tony Blair dabei ist, das Oberhaus zu reformieren. Lady Lucan, die sich eine Grafenwitwe nennt, versucht seit Jahren, Seine Lordschaft für tot erklären zu lassen.

Wenn ihr und ihrem Sohn das nun gelingen sollte, dann gäbe es die rare Situation, daß nach einem Mörder gefahndet wird, der offiziell tot ist. Scotland Yard hält die Akte offen.

Der harte Weg vom Lord zum Duke

Von den Nöten eines Palast-Erben

Der Gesuchte kam ahnungslos angeradelt, aber als er vor dem Appartementhaus in Fulham abstieg, spürte er gleich, daß etwas nicht stimmen konnte. Auf der Straße stand ein Mann herum, der nicht recht in diese Londoner Gegend passen wollte und sich in Haltung und Habitus als Gerichtsmensch verriet. Polizisten waren auch in der Nähe, und kaum war James Blandford in seiner Wohnung verschwunden, klingelten sie ungeduldig und vergebens. Um es kurz zu machen: Nach einer Stunde schlugen sie die Tür mit einem Vorschlaghammer ein. Dann suchten sie in und unter Betten, fanden ihn auch nicht im Schrank – James war weg. Abgehauen durch einen Lichtschacht und über die Dächer oder einfach durchs Fenster. Hinterm Haus der Polizist muß zur Seite geschaut haben.

Dies ist deshalb keine Allerweltsgeschichte, weil es sich bei dem Flüchtigen um ein Mitglied der englischen Hocharistokratie handelt. Charles James Spencer-Churchill, Lord Blandford, von seinen wahren und den vielen falschen Freunden meist Jamie genannt, wird, wenn sein Vater tot ist, nicht nur ins Oberhaus einrücken, sondern auch das Schloß erben, Blenheim Palace, dazu weite Ländereien, Kunstschätze, Unternehmen, alles in allem gut hundert Millionen Pfund Sterling wert.

Hinzu kommt der unbezahlbare Titel eines Herzogs, denn Lord Blandford ist ältester Sohn des elften Duke of Marlborough.

Er ist aber auch ein unglücklicher Mensch aus einer Familie, die wenig Talent fürs Familienleben hat. In den Memoiren eines Verwandten wird ein typisches Dinner im Schloß beschrieben: »Marlborough saß da und schaute um sich wie eine Ratte in ihrer Falle, während die Herzogin ihre vergifteten Pfeile abschoß.« Der junge Lord, dessen Mutter starb, als er vier war, und der sich mit der zweiten und später der dritten Herzogin durchaus nicht verstand, hatte sicher keine fröhliche Jugend. Auf der teuren Privatschule von Harrow, eine der vornehmsten im Lande, blieben etwaige Fähigkeiten des künftigen Herzogs unentdeckt. Nun, mit seinen 38 Jahren, wirkt er immer noch wie einer, der nicht erwachsen werden will. In einem seiner seltenen Interviews hat er gestanden: »Ich weiß wirklich nicht, was ich mit meinem Leben anfangen soll.«

Zwar ist er noch verheiratet, aber die Ehe mit einer Bürgerlichen war so kurzweilig, daß sie außer einem Erben, dem kleinen Graf George, wenig Freude brachte. Die Eheleute leben getrennt, und dem Lord ist es gerichtlich untersagt, die Nähe seiner Frau zu suchen. Gelegentlich ist er ins Gefängnis geschickt worden, und bei einer Verurteilung – eine Drogensache – mußte er sich von einem Magistratsrichter als »ganz gewöhnlicher Krimineller« abkanzeln lassen. Der Lord hatte lange Probleme mit Drogen, ist aber, wie er beteuert, nicht mehr auf Heroin fixiert. Einmal hat er eingesessen, weil er sich nach zwölf Verkehrsdelikten wieder ans Steuer gesetzt hatte. Deshalb fährt Seine Lordschaft nun umweltfreundlich mit dem Fahrrad. Taxis sind schwierig, weil die Droschkenkutscher sich nicht mit seinem guten Namen zufrieden geben und weil ein Fahrer noch immer auf sein Geld wartet.

Als er das vorige Mal im Knast saß, erschien ein Interview seiner Frau im Gesellschaftsmagazin *Tatler,* geschmückt mit reizenden Photos, die den Schwiegervater so schockten, daß er sie nie mehr wiedersehen will – weder die Lady noch die Photos. Und Lord Blandford ist schon wieder in Gefahr, eingesperrt zu werden. Er schuldet seiner Frau fast 30.000 Mark Unterhaltskosten, weshalb auch die Staatsgewalt in seine Wohnung eindrang.

Eigentlich wird der Erbe von Marlborough als umgänglich geschildert, freilich ein wenig unstet. Das kommt vor bei den ältesten Söhnen des Hochadels, die auf den Tod des Alten warten müssen, damit es ihnen besser geht. »Mein Vater kann mich nicht enterben, Blenheim ist ein unverrückbares Vermächtnis. Und das ist einfach wunderbar«, hat der Lord neulich gesagt. Weil Schloß und Ländereien ein Geschenk der dankbaren Nation an den größten Feldherrn seiner Zeit waren, den ersten Herzog von Marlborough, bedürfte es eines Parlamentsbeschlusses, die Erbfolge zu ändern.

So wird der Lord eines Tages zwölfter Herzog von Marlborough sein. Der gegenwärtige Herzog hat auf die Frage, ob er denn ein reicher Mann sei, gesagt: »Wenn Sie meinen, ob ich mir morgen einen Renoir kaufen kann, ist die Antwort: nein.« Aber er sei eben doch ein glücklicher Mensch, mit einem phantastischen Haus voller großartiger Kunstschätze. Winston Churchill, der große Premier, ist hier zur Welt gekommen. Touristen zahlen jährlich wenigstens eine Million Pfund, um den Palast zu sehen.

Der erste Herzog, als er noch nicht Herzog war, sondern nur ein Edelmann, Sohn eines verarmten Royalisten namens Sir Winston Churchill, muß schon in frühester Jugend eine glückliche Hand gehabt haben. So beglückend, daß die Geliebte des Königs, eine sinnliche Herzogin, dem jungen Pagen 5.000 Pfund für seine Aufmerksamkeit schenkte. Eines Tages, als er sich der Herzogin wieder erkenntlich zeigte, tauchte unvermutet der König auf, und John Churchill, leicht derangiert, flüchtete aus dem Fenster. Das scheint in der Familie zu liegen. Aber Lord Blandfords Vorfahr hatte Glück. Der König, Charles II., warf ihm die Schuhe hinterher, nicht aber die Beinkleider, und rief: »Ich vergebe dir, John, ich weiß, du lebst davon.« Ein bißchen Nachsicht würde auch dem jungen Lord Blandford guttun.

Gedenken, das sich in die Zukunft richtet

Der erste Rabbiner im »House of Lords«

Sein Tonfall, so hat die *Times* herausgehört, ist »tief musikalisch«, sein Englisch wird als außerordentlich elegant gepriesen. Das ist umso bemerkenswerter, weil viele seiner Generation mit ähnlicher Biographie den Akzent ihrer Kindheit zeitlebens nicht abgelegt haben. Mit einer solchen Stimme würde man in Hollywood einen Rabbiner synchronisieren. Außerdem sieht er auch so aus: weißhaarig und mit weißem Bart, weise lächelnd mit gütigen Augen, aber unvermittelt Kühle ausstrahlend, wenn er sich oder seine Sache attakkiert sieht. Immanuel Jakobovits, den die Königin auf Vorschlag der Premierministerin zum Peer auf Lebenszeit und damit ins Oberhaus berufen hat, ist von Herkunft und Habitus ein ungewöhnlicher Mann.

Der *Chief Rabbi*, der erste, der je geadelt wurde, ist die höchste Autorität der Juden im Vereinigten Königreich und im Commonwealth. Er war noch keine dreißig, als er *Chief Rabbi* in Irland wurde. (Von Dublin aus als Externer promovierte er an der Londoner Universität über jüdische medizinische Ethik.) Ein Jahrzehnt später ging er nach New York, wurde Rabbiner der »Fifth Avenue Synagogue«. Als knapp 16jähriger war er, der 1921 in Königsberg geboren wurde und dann in Berlin lebte, aus Nazi-Deutschland entkommen. Zwar konnten auch seine Eltern bald darauf fliehen, aber viele aus der Verwandtschaft, Menschen, mit denen er aufgewachsen war, sind umgebracht worden, in Auschwitz oder anderswo.

Lord Jakobovits, sagt sein Mitarbeiter vor unserer Verabredung, würde es vorziehen, das Gespräch auf englisch zu führen. Er hat niemals öffentlich Deutsch gesprochen, seit er im Gastland, das ihm Heimat wurde, Englisch lernte. Außerdem hatten wir seine bittere Äußerung lesen müssen, wonach er zwar nicht Haß gegen die deutsche Sprache empfinde, aber doch eine Art Sperre – weil es ja die Sprache sei, »die von Millionen von Mördern gesprochen wurde«. So wurde der Rabbi zitiert; uns sagt er aber nur – wahrscheinlich, um den Jüngeren nicht zu kränken –, daß sein Deutsch nach all den Jahren etwas eingerostet sei. »Ich denke englisch; ich träume auch englisch.« Überraschenderweise läßt er sich trotzdem auf ein Gespräch ein, bei dem die Erinnerung an Deutschland mitschwingt – und er spricht Deutsch mit uns, was wir als unverdiente Freundlichkeit schätzen. Ein englischer Jude also, von deutscher Herkunft.

Immanuel Jakobovits entstammt einer alten Rabbiner-Familie. Schon der Vater und die Großväter waren Rabbiner; die Geschichte der Juden ist für sie auch die Geschichte eigenen Leidens gewesen. Selbst ein Kind noch, als in Deutschland die braunen Horden die Macht an sich rissen, hatte der junge Immanuel gespürt, daß etwas Schreckliches bevorstand. Wenn wir es richtig verstehen, hat der Knabe weniger gelitten als andere Juden seines Alters. Er ging, als Sohn des Rabbiners, natürlich in eine jüdische Schule, wurde früh und streng und konsequent im Glauben unterwiesen. Eine orthodoxe Familie war, zu Anfang jedenfalls, weniger angreifbar als die Assimilierten, die sich längst und fast ausschließlich als Deutsche verstanden. »Aber ich erinnere mich gut, wie in den Straßen der ›Stürmer‹ verkauft wurde.« Nach einer Pause, als widere ihn dies heute noch an, fährt er fort: »Mit diesen ekelhaften Bildern. Und ich erinnere mich, wie Steine geworfen wurden nach meinem Vater.« Bereits das Kind Immanuel hatte gespürt, daß die Juden anders als die anderen und daß sie »einer gewissen Fremdenfeindlichkeit« ausgesetzt seien. Selbst als 13jähriger hatte er sich in einem »gewissen Kontinuum« gefühlt, hatte geahnt, daß sein Volk immer gelitten hat. Doch hatte niemand den Deutschen zugetraut, was später passieren sollte.

Der angesehene *Observer* hat, als Lady Thatcher noch regierte, den Lord Jakobovits den »Beichtvater der Premierministerin« genannt. Das ist zwar eine etwas schiefe Metapher, aber alle Welt wußte, daß die Dame aus der Downing Street dem Rabbiner eher zuhörte als manchem der modernen Kirchenführer der »Church of England«. Aber der Lord spielt seinen Einfluß herunter: Nun ja, man hatte zwei-, dreimal im Jahr Gelegenheit, miteinander zu reden, und der Rabbiner räumt auch ein, daß es »eine starke Übereinstimmung« gab zwischen ihm und der Regierungschefin. Doch daß diese seinen Rat suchte, soweit könne man nicht gehen, »so vermessen bin ich nicht«. Sicher war er sich indessen, daß sie las, was er schrieb.

Lord Jakobovits betont nämlich die Verantwortung des einzelnen für sich selbst, die noch vor der Verpflichtung der Gemeinschaft für die Schwachen rangiere. Aus den Erfahrungen der jüdischen Einwanderer vor allem um die Jahrhundertwende könnten manche Lehren für die neuen Bürger aus Bangladesh und anderswoher gezogen werden. »Wir haben selbst etwas getan, statt Forderungen zu stellen. Wir lenkten den Ehrgeiz unserer Kinder auf akademische Leistungen, nicht auf schnelle Autos.« Allerdings verkennt der Rabbi nicht, daß die heutigen Immigranten allein wegen ihrer Hautfarbe und wegen ihres kulturellen Erbes große Anpassungsschwierigkeiten haben. »Wir waren als Einwanderer wenigstens Europäer, Teil des jüdisch-christlichen Erbes.«

Natürlich spricht man mit einem Rabbiner von der Bedeutung dieses Lords auch über Israel. Gegen Ende seiner Zeit als »Chief Rabbi« sehnt er jenen Tag herbei, da er endgültig nach Israel übersiedeln wird, um dort die letzte Spanne seines Lebens zu verbringen. England gilt seine Dankbarkeit, so lange er lebt, sagt er, »ich werde meine Schuld niemals zurückzahlen können«. Von Anfang an hatte er sich nicht als Emigrant empfunden, nicht als einer, der zurückkehren würde, wenn die Umstände es wieder erlaubten. Er war gekommen, um zu bleiben, womöglich für immer. »Daß dies mein Land war, habe ich sofort gewußt.« Selbst damals, als man die Deutschen auf britischen Boden internierte, hat er dies nicht als

Feindseligkeit empfunden, im Gegenteil: In der Abgeschiedenheit konnte er sich seinen Studien widmen. Seitdem, spätestens seit 1947, als er seinen britischen Paß bekam, betrachtet er sich als ein Bürger ehrenhalber. Gelegentlich hat er dies auch gegenüber der Königin zum Ausdruck gebracht. Seine sechs Kinder sind allesamt Untertanen Ihrer Majestät, wenn auch in Irland und Amerika geboren. Doch des Rabbis »geistige Heimat« ist Israel, das Gelobte Land.

»Ein kleines Land, dieses Israel, auf dem Globus ist es kaum zu sehen«, sagt Lord Jakobovits. Er ist trotz der gegenwärtigen Unruhen voller Hoffnung. »Die Krise ändert nichts daran, daß wir Juden abhängig sind von Israel. Dieser Staat ist die Erfüllung eines Traums nach zwei Jahrtausenden.« Sicher, er wünschte sich wohl, daß Israel weniger getadelt würde, daß niemand mit dem Finger auf israelische Militärs zeigen würde. »Aber einen rohen Aufstand kann man nur mit rohen Mitteln bekämpfen; das ist in Nordirland und in Indien nicht anders.« Die Ehre, daß die Welt das kleine Israel mit höherem moralischen Maßstab mißt als andere, ist unbequem. Doch es ist auch nicht verwunderlich, daß der Rabbi Partei ergreift, daß er sich von den Palästinensern wünscht, »sie sollten endlich Neigung zeigen, an ein friedliches Zusammenleben überhaupt zu denken«. In Israel, so die Betrachtungsweise des Rabbiners, wird zumindest diskutiert, gibt es wenigstens eine politische Strömung, die für die Aussöhnung mit den Palästinensern eintritt. Im Staat der Juden steht die arabische Frage immer auf der Tagesordnung, aber, sagt Lord Jakobovits, »nach vier Jahrzehnten treibt uns niemand ins Meer; die Tatsache unserer Existenz ist nicht mehr wegzuwischen.«

Manchmal aber klingt selbst bei ihm Kritik an israelischer Politik an. »Ich teile Ihren tiefen Schmerz über die gegenwärtige Gewalt im Gaza-Streifen und in Westjordanien«, schrieb der Rabbi an den Direktor der Londoner Zentral-Moschee. Er hat ihm freilich nicht direkt geschrieben, hat vielmehr auf einen Leserbrief an die *Times* an gleicher Stelle reagiert. Und hinzugefügt, daß die Palästinenser in Jordanien und im Libanon schon vor dem Sechs-Tage-Krieg in den arabisch besetzten Gebieten Gewalt hätten hinnehmen müssen.

Beiläufig kommen wir auf den Einfluß der jüdischen Minderheit in der britischen Politik zu sprechen. Nein, es werde in diesem Jahrhundert wohl keinen jüdischen Premier mehr geben, und das sei auch nicht so wichtig, »wir brauchen keine Symbole mehr«. Wenngleich doch mit Nigel Lawson, der ein sehr weltlicher Mann ist, und Lord Young, einem Mann von sehr bewußter Religiosität, zwei profilierte Politiker in Frau Thatchers Kabinett vertreten waren. »Ich bin sehr stolz darauf«, sagt der Rabbiner, »daß Juden Gelegenheit haben, ihren Beitrag zu leisten.« Und dieser Beitrag geht weit über den zahlenmäßigen Anteil hinaus. Die Juden sind eine winzige Minderheit unter 58 Millionen Briten; von den 350.000 englischen Juden leben zwei Drittel in London. 80 Prozent gehören zu orthodoxen Gemeinden, die den »Chief Rabbi« als Autorität akzeptieren.

In seiner ersten Rede im Oberhaus hatte der Lord Jakobovits Partei ergriffen für die neuen Minderheiten, die Flüchtlinge unserer Tage. Die Gesellschaft sollte sie mit Freundlichkeit aufnehmen, sollte menschenwürdige Bedingungen für sie schaffen, damit sie nicht zur verängstigten Minderheit, zu feindseligen Fremden würden. Der Appell ist auch deshalb von Gewicht, weil der Baron Jakobovits in derselben Rede seinen Dank an das Königreich abstattete: »Ohne die Gnade Gottes und das Erbarmen dieses großen Landes wäre ich ein anonymes Körnchen in der Asche von Millionen Menschen, die die europäische Erde entweiht.«

Nie mehr, nicht in diesem Leben, wird der vormalige Sir Immanuel, der jetzige Baron Jakobovits of Regent's Park, der orthodoxe Oberrabbiner von Großbritannien, nach Deutschland zurückkehren. Nicht nach Berlin, wo er aufgewachsen ist, nicht nach Königsberg, das nicht einmal mehr deutsch ist. Sicher würden sich manche Deutsche besser fühlen, wenn auch einer wie er zurückkäme, und wäre der Besuch noch so kurz – an Einladungen mangelt es nicht. Der Mensch Jakobovits, der gütig und gerecht zu sein sich bemüht, kann nicht verzeihen und will nicht vergessen, weil es nicht an ihm ist, zu verzeihen oder zu vergessen. Er hat, sagt er, »kein Mandat von den sechs Millionen Opfern«.

»Wenn ich es ganz grob aussprechen darf«, sagt Immanuel Jakobovits auf die Frage nach Deutschland, und sein Mund scheint für einen Moment bitterer, seine Augen scheinen schmaler zu sein, »der Boden des Landes ist noch getränkt mit jüdischem Blut; mit jedem Schritt würde ich auf Blut treten, das heute noch schreit.« Es seien ja manche von denen, die überlebten, zurückgekehrt, und er werde niemanden tadeln. Jeder müsse das mit sich selbst abmachen. Wahrscheinlich ist Deutschen, auch wenn sie sich mühen, nicht bewußt, wie bestimmend und wie gegenwärtig die Erinnerung an den Holocaust für die Juden wirklich ist. Es bedrückt den in England altgewordenen Rabbiner noch heute, daß er als junger Mann nicht gegen Hitler gekämpft hat, jedenfalls nicht aktiv mit der Waffe. Neulich, noch vor dem Treffen mit dem *Chief Rabbi,* erzählte uns Jeffrey Paul, der Chefredakteur des *Jewish Chronicle,* wie er entgegen der eigenen Skepsis zum ersten und zum einzigen Mal in die Bundesrepublik gereist ist. Er hatte sich in Düsseldorf ein Auto gemietet und war ein Stück über Land gefahren. Als er an einer geschlossenen Bahnschranke halten mußte, fuhr ein Zug mit geschlossenen Waggons vorbei. Viehwaggons, dachte er, und sofort war selbst dem in Großbritannien Geborenen das Bild jener Transporte gegenwärtig, wie, kaum ein halbes Jahrhundert zuvor, seinesgleichen in die Konzentrationslager gekarrt wurde.

Der Rabbiner ist auch Nichtjuden ein Lehrer, ruft geschichtliche Daten in Erinnerung, die unsereinem nur vage vertraut sind. Er verweist darauf, daß nach der Vertreibung aus Spanien vor einem halben Jahrtausend die Juden für Jahrhunderte nicht zurückgekehrt sind. In Spanien gab es zwar nichts, was der Endlösung vergleichbar gewesen wäre, aber er, Immanuel Jakobovits, reist noch immer nicht nach Spanien. Und was ist mit Auschwitz; ob er denn Auschwitz wohl besuchen würde? Nein, sagt er, »das Gedenken an die Toten ist auf die Zukunft gerichtet, nicht auf die Vergangenheit«. Man könne nicht heiligen, was unheilig sei. Und die Juden würden keine Monumente errichten für ihre Toten – sonst hätten sie überall welche stehen. »Nachdem der Tempel zerstört wurde, haben wir uns auf den Talmud konzentriert. Danach leben wir, zweitausend Jahre später, immer noch.«

Die Wanduhr hinter seinem Schreibtisch tickt nicht. Es ist eine von diesen modernen Quarzuhren, wie man sie bei einem Rabbiner nicht vermutet. Das Zifferblatt ist von einem Sinnspruch, Englisch und Hebräisch umrahmt. »Der Tag ist kurz, die Aufgabe groß.« Trotzdem wirkt der Rabbi sehr gelassen, läßt Ungeduld auch nach einer Stunde noch nicht spüren. Seine Gesten sind markant, nicht theatralisch. Manchmal bedeckt er mit den Händen seine Augen. Als eine seiner Hauptaufgaben sieht er die Bemühungen, jene zurückzugewinnen, die sich abgewandt haben von der Religion ihrer Väter. »Jeder Jude ist uns gleichermaßen wertvoll.« Nach dem Holocaust werde man keinen preisgeben. Es ist nicht gerade ein Schimpfwort, wenn von Assimilierten die Rede ist, aber einen negativen Beigeschmack hat es schon. Doch wächst die Gemeinde wieder. In den zwanzig Jahren, seitdem Immanuel Jakobovits »Chief Rabbi« in Britannien geworden ist, hat sich die Zahl jener Schüler verdoppelt, die nach den alten Regeln erzogen werden. Jedes dritte Kind jüdischer Herkunft geht in England auch in eine jüdische Schule.

Des Rabbis Kinder sind aus diesem Alter längst heraus. Sie sind allesamt längst verheiratet, selbst schon Eltern; dreißig Enkel erfreuen den Rabbi und seine Frau. »Unsere Kinder haben in ihrem Leben nie eine Entscheidung getroffen, ohne uns um Rat zu fragen.« Was aber wäre gewesen, hätte eine der vier Töchter oder einer der beiden Söhne einen nichtjüdischen Partner heiraten wollen? Für den Vater ist das keine Frage. »Es wäre ihnen niemals in den Sinn gekommen. Und uns auch nicht.«

Auf die Insel – zum Überleben

Begegnung mit einer Jüdin, die als Kind nach England kam

Einer unauffälligen Zeitungsnachricht entnehmen wir, daß in London ein Treffen vorbereitet wird, zu dem all jene eingeladen werden sollen, die vor über einem halben Jahrhundert als Kinder jüdischer Eltern gerade noch Deutschland verlassen konnten. Kurz nach der »Kristallnacht« bis wenige Wochen vor Kriegsausbruch waren sie mit »Kindertransporten« nach England gekommen. Jetzt sollen sie sich wiedersehen. Ein Organisationskomitee versucht, Adressen zu ermitteln; Lord Jakobovits, der Oberrabbiner Großbritanniens und des Commonwealth, hat die Schirmherrschaft für das Treffen übernommen. Er war selbst als 16jähriger aus Berlin geflohen und wird nie wieder deutschen Boden betreten.

In der British Library, wo von jeder englischen Zeitung ein Exemplar archiviert wird, können wir in der *Times* vom 3. Dezember 1938 Zeitgenössisches über den ersten dieser Transporte nachlesen: Zweihundert Jungen und Mädchen seien tags zuvor mit dem Dampfer »Prague« im Hafen von Harwich eingetroffen. Sie gehörten zu den »5000 jüdischen und nicht-arischen Kindern aus Deutschland«, die Aufnahme in England finden sollten. Tatsächlich war die Quote auf zehntausend festgesetzt worden. »Vom Parkeston Quay wurden die Kinder in Omnibussen zur Dovercourt Bay gebracht, wo sie eine warme Mahlzeit erwartete. Ein Dutzend Jungen verblüffte die Betreuer, indem sie« – offenbar noch vor dem Essen – »in Badeanzügen aus den Hütten kamen und in das Schwimmbecken unter freiem Himmel sprangen.« Ein Vorratsraum des Lagers sei mit Geschenken angefüllt, die von Juden aus ganz England geschickt worden waren. Der nächste Schub werde am Freitag erwartet. Dieser zweite Transport muß jener gewesen sein, mit dem Bianca Gordon nach England kam. Sie war damals älter als die meisten ihrer Reisegefährten, schon 17. Sie ist in England geblieben, hatte hier bald ihren späteren Mann getroffen, auch er ein jüdischer Flüchtling. Nun ist er schon ein paar Jahre tot.

Als wir Bianca Gordon das erste Mal begegneten, sagte sie gleich, daß sie Berlin gern gehabt, daß sie auch schöne Erinnerungen an ihre Kindheit habe. Ihre Eltern waren noch vor dem Ersten Weltkrieg aus Polen nach Berlin gezogen, weil die Deutschen ihnen weniger antisemitisch zu sein schienen. Das war der tödliche Irrtum, an dem ihr Vater bis zuletzt festhielt. Biancas Vater, der einen langen Bart trug und für jedermann sofort als orthodoxer Jude erkennbar war, sei, sagt sie, nie belästigt oder gar geschlagen worden, jedenfalls nicht in Berlin. Er habe so großes Gottvertrauen gehabt, habe geglaubt, daß der Hitler sich nicht lange halten werde. Selbst später, als der Spuk nicht vorbeigehen wollte, achtete er nicht so sehr auf Hitlers Worte, sondern mehr auf dessen Heiserkeit, wollte darin Krankheitssymptome erkennen. Der Mann habe gewiß Krebs, pflegte der Vater dann zu sagen, der werde es nicht mehr lange machen.

Am 28. Oktober 1938, früh morgens, kam ein Polizist und nahm den Vater mit. Die Familie traf dies völlig unerwartet, und Bianca ahnte noch nicht, daß sie ihn nie wieder sehen würde. Der Polizist sagte etwas von »Papiere überprüfen« und daß es keinen Grund zur Aufregung gebe. Es handelte sich aber um die sogenannte Polen-Aktion: In kleineren Städten wurden ganze Familien geholt, in Großstädten hingegen lebten zu viele Juden polnischer Herkunft, da griffen sie nur die Männer. Die wurden an die polnische Grenze nahe der Stadt Zbaszyn geschafft. Die polnischen Grenzposten ließen sie nicht hinein, und die Deutschen ließen sie nicht wieder zurück. So kampierten sie für eine Weile im Niemandsland, in verlassenen Ziegeleien und Feldscheunen.

Aus dieser Zeit stammt das letzte Erinnerungsstück, das der Tochter vom Vater geblieben ist. Sie zeigt es uns erst nach einer ganzen Weile. Es ist eine Photographie, ein 6 x 9-Amateurbild mit gezacktem Rand, abgegriffen. Zum Schutz gegen weiteren Zerfall steckt es in einer Plastikhülle. Es zeigt den 50jährigen, umgeben von jüngeren, beinahe fröhlichen Menschen. Der Mann mit dem langen Bart und dem altväterlichen Hut steht an einem provisorischen Pult, offenbar eine hochkant gestellte Kiste, und erklärt etwas aus einem Buch. Ganz der weise Schriftgelehrte, der er war. Das Bild hat eine Rot-Kreuz-Schwester gemacht, und wie Bianca Gordon daran geraten ist, das wäre eine Geschichte für sich. Sie hat ihren Vater nicht wiedergesehen. Als er noch einmal, kurz vor Kriegsbeginn, zurückdurfte, hatte sie das Land schon verlassen. Er war nur wenige Wochen in Berlin, dann haben sie ihn ins Konzentrationslager gesperrt.

In Berlin hatte die Familie nicht weit vom Tempel an der Oranienburger Straße gelebt. Der 9. November 1938 – Bianca Gordon vermeidet den Begriff »Kristallnacht« – ist rückblickend für sie »das Ende allen organisierten jüdischen Lebens in Deutschland gewesen«. Und dennoch versucht sie, einen Funken Hoffnung zu bewahren, der die Erinnerung erträglicher macht. Die Nachbarn, die Leute aus dem Viertel, hätten nur zugesehen, nicht mitgemacht. Sie habe, sagt sie, später immer die These vertreten, »daß das deutsche Volk nicht mitgemacht hat«, es seien Hitlers Sturm-Abteilungen gewesen und die Hitler-Jungen.

»Es ist behauptet worden, daß es sich um eine spontane Aktion handelt,« sagte, wie wir der »Times« aus der Zeit entnehmen, der Labour-Politiker Noel Baker, doch sei dies, selbst wenn es stimmte, keine Rechtfertigung. »Vielmehr gibt es nur zu viele Hinweise darauf, daß die Angriffe organisiert waren und daß sie im vorhinein organisiert waren.« Und ein Mr. Grenfell, ebenfalls Labour, sagte, daß es Deutschland, »dieser großen und mächtigen Nation«, nicht erlaubt werden dürfe, so zu handeln. »Es gibt etwas Größeres als Hitlers Deutschland.«

Gegen den Beschluß, jüdischen Kindern aus

Deutschland Zuflucht zu bieten, scheint es seinerzeit jedoch auch einigen Widerstand gegeben zu haben. Besonders ein Abgeordneter namens Captain Shaw hat des öfteren dagegen polemisiert. Er wies den Abgeordneten Wedgwood Benn zurecht: Ob sich der ehrenwerte Gentleman denn nicht im klaren darüber sei, daß ein Abgeordneter sich vor allem um das Wohl derer zu kümmern habe, die ihn gewählt hätten. Wedgwood Benn, dessen Sohn Tony heute zur Labour-Linken gehört, empfahl dem Captain, doch mal wieder das 25. Kapitel des Matthäus-Evangeliums anzuschauen. (»Was ihr getan habt einem unter diesen meinen geringsten Brüdern, das habt ihr mir getan.«)

Die Kinder durften nur einen Handkoffer mitnehmen oder einen Rucksack. Der Anhalter Bahnhof wimmelte an dem Tag, als Bianca Gordon Berlin verließ, von Uniformierten. Die Aufforderung, auf den Bahnsteig zu gehen, kam so plötzlich, daß sich die Kinder nicht einmal von ihren Müttern verabschieden konnten. Kein Angehöriger durfte mit an den Zug. »Es war sehr traumatisch«, sagt Bianca Gordon heute, bewußt eine Vokabel aus ihrem Beruf gebrauchend; sie ist Psychotherapeutin. Sie hat auch ihre Mutter, die 1943 nach Auschwitz kam, nie wieder gesehen.

Viel später, erst Anfang der achtziger Jahre, war sie mit ihrem Mann noch einmal in Berlin. Sie hatten Schwierigkeiten, ein Zimmer zu finden, und kamen schließlich spät nachts in einem abgelegenen altmodischen Hotel unter, das so aussah, wie sie es aus ihrer Kindheit kannten. »Und als ich morgens aufwachte – das erste was ich sah, war der Bahnhof.« Da stand aber nur noch, auf freiem Feld wie eine absurde Kulisse, die Vorderfront.

Von der Eisenbahnfahrt im Dezember 1938 quer durch Deutschland weiß sie nicht mehr viel, hat kaum Erinnerungen an die Stationen im Reich. Nur daß damals manche noch gehofft haben, das Allerschlimmste könnte abgewendet werden. »Das monotone Stampfen der Lokomotive im Hintergrund, träumten wir von einer Zukunft, in der wir mit der Hilfe von einigen Menschen guten Willens unser Volk retten würden«, notierte sie später. Das sei kein Tagtraum gewesen, sondern ein durchdachter Plan, an den sie fest glaubten, »die moralische Rechtfertigung für unsere Abreise«. Sehr konkret erinnert sie sich, daß ein erwachsener Begleiter mitreiste, der ins Coupé kam und den Inhalt des bescheidenen Gepäcks inspizierte. Das Mädchen Bianca hatte ein Bündel Briefe dabei. Das sei gegen die Vorschriften, sagte der Mann, es könnte Scherereien geben. Er sei kein sonderlich aggressiver Mensch gewesen, nur eben nicht herzlich. Unter Aufsicht, am offenen Abteilfenster, zerriß das Mädchen Bianca die Briefe. Der Mann war Leiter eines Waisenhauses. Sie hat ihn nach dem Krieg noch einmal gesehen. Sie macht ihm keinen Vorwurf.

Über jedes Kind, das ins Land komme, werde eine Akte angelegt – dies teilte im Unterhaus der Staatssekretär des Innenministeriums dem Captain Shaw auf Anfrage mit. Dem britischen Steuerzahler, so versicherte man dem Captain Shaw, würden die Kinder nicht zur Last fallen. Bis zum

Beginn des Krieges kamen 9.732; Bianca Gordon sagt nie, wie es in der Zeitung steht, zehntausend oder fast zehntausend. Sie hat sich angewöhnt, die exakte Ziffer zu nennen – 9.732 –, weil sie zu ihnen gehört. Sie weiß noch, daß die Leute in Holland, nach dem Passieren der Grenze, so freundlich waren. An den Bahnstationen standen Frauen und Mädchen und reichten Kakao und selbstgebackene Kekse. Die Überfahrt selbst hat Bianca Gordon nur noch vage in Erinnerung. Und die ersten Tage im fremden Land in einer fremden Sprache hat sie als besonders kalt empfunden. Es war in jenem Dezember tatsächlich ziemlich kalt, »aber wir fühlten die Kälte auch innerlich«.

Bianca Gordon kam zu Pfarrersleuten nach Norwich. Sie nahmen das Kind aus christlicher Verantwortung bei sich auf und behandelten es wie ihr eigenes. Das war nicht in jedem Fall selbstverständlich, einige von den älteren Flüchtlingskindern wurden als billige Arbeitskräfte ausgenutzt. »Wir möchten«, sagte der Pfarrer, »daß du weiter zur Schule gehst. Und wir möchten, daß du auch eine religiöse Erziehung hast.« Entweder solle sie mit in die Kirche gehen oder zur Synagoge. »Uns wäre es lieber, wenn du zur Synagoge gingst«, erinnert Bianca Gordon die Worte ihres Pflegevaters, »das wäre im Sinne deiner Eltern.«

Es war freilich nur eine kurze, unbeschwerte Zeit in Norwich, einer Marktstadt in den englischen Midlands; schon nach einem Jahr starb ihr Pflegevater. Bianca, inzwischen fast erwachsen, schloß sich einer jüdisch-sozialistischen Jugendgruppe an. Die jungen Leute hatten das Gefühl, daß sie zusammenrücken mußten. Frankreich war von den Deutschen besetzt worden, und in England wurden Deutsche, selbst wenn sie jüdischer Herkunft und Flüchtlinge waren, mit einer gewissen Skepsis gesehen. Die jungen Juden arbeiteten auf dem Land, und in ihren freien Stunden lernten sie für bessere Zeiten. Sie lebten wie im Kibbuz, waren besitzlos und voller Ideale. »Aber wir waren zu früh zu ernst.«

Im dritten Kriegsjahr erfuhr Bianca, daß ihr Vater in Buchenwald umgekommen war. Bis zum Kriegsende hoffte sie, daß ihre Mutter vielleicht überlebt hätte. Sie hatte ihr aus England noch Briefe nach Auschwitz schicken können, die – via Genf – vom Roten Kreuz weitergeleitet wurden. Einmal im Monat, fünf Zeilen zu je fünf Worten. »Es waren die wichtigsten Briefe, die ich geschrieben habe in meinem Leben.« Sie schrieb, daß es ihr gut gehe und daß sie fleißig lerne, weil dies in der Familie immer am wichtigsten war.

Nicht zu wissen, wie die Eltern gestorben sind, und nicht zu wissen, wie sie gelitten haben, das hat sie über die Jahre hinweg beschäftigt. Wie bei vielen Überlebenden muß es auch für Bianca Gordon Zeiten gegeben haben, da sie darunter litt, überlebt zu haben, und wie alle Überlebenden des Holocaust macht sie sich und anderen immer wieder klar, daß Überleben kein eigenes Verdienst bedeutet. Daß ein Gott zulassen konnte, daß es den Vater getroffen hat – und später in Auschwitz die Mutter –, ist ihr unbegreiflich geblieben, sie habe, sagt sie, bis heute keine Erklärung. »Mein

Vater hat so sehr an seinen Gott geglaubt«, sagt sie, die darüber selbst ihren Glauben verloren hat.

Aus aller Welt haben sich Hunderte von den 9.732 Kinder-Flüchtlingen gemeldet. Viele waren, wie sie schreiben, beim letzten Transport dabei, doch das kann nur in wenigen Fällen so sein. Zwar hat im Nachhinein jeder zu Recht das Gefühl, er wäre gerade noch davongekommen. »Aber«, sagt Bianca Gordon, »so viele letzte Transporte kann es gar nicht gegeben haben.«

Das Glück, die Frau des Todfeinds zu sein

Die unglaubliche Geschichte der Wiener Jüdin Edith Hahn

Ganz zum Schluß der Auktion, nach einem raren Brief von Voltaire, für den keiner auch nur den Schätzpreis zahlen will, wird bei Sotheby's in London schließlich die Nummer 347 aufgerufen: »Zweiter Weltkrieg. Edith Hahns Papiere. Ich bitte um Gebote.« Die alte Dame war nicht dabei, das wäre viel zu aufregend gewesen, und außerdem reist man mit 83 nicht mehr gern. Ihre Tochter Angela hat sie hinterher in Israel angerufen, um sie das Ergebnis wissen zu lassen. Die vergilbten Briefe, die Photos und Ausweise – manche mit und manche ohne den Zusatznamen Sara, mit und ohne den Stempelaufdruck »J« für Jüdin – hatten gut 300.000 Mark gebracht, fünfmal mehr als erwartet, was ein sensationeller Preis ist für etwas, das preislos ist. Die Versteigerung bei Sotheby's könnte die Eingangsszene für einen leisen Film sein, dessen Schluß der Zuschauer allenfalls mit gemischten Gefühlen als glückliches Ende erleben mag.

Nach der Szene bei Sotheby's, die Stimme des Auktionators verhallt, kommt die Rückblende. Die entscheidenden Jahre der jungen Wienerin Edith Hahn, die Jahre 1938 bis 1945 und ein bißchen danach, in denen sie unter die Deutschen gefallen war, sind dokumentiert auf 800 Seiten von

Briefen und Dokumenten. Es ist die Geschichte einer jungen Jüdin aus Wien, die das Nazireich überlebte, weil ein Nazi sie geheiratet hat. Für den Drehbuchautor wäre es nur eine Frage des Handwerks, eine sperrige Liebesgeschichte nachzuzeichnen, in der auch die Schurken nicht nur schurkisch sind.

Die Studentin Edith Hahn war eine schöne Frau, und sie war klug. In einem freien Österreich wäre sie Anwältin geworden, doch es kamen die Nazis und nach dem »Anschluß« war ihresgleichen rechtlos. Edith und ihre Mutter hatten nach dem Tod des Vaters in einer gutbürgerlichen Gegend gelebt, aber dann mußten sie ins Ghetto ziehen, teilten mit zwei weiteren Familien eine kleine Wohnung. Der schwerste Gang in ihrem jungen Leben, es sollten weitere folgen, war der Weg zur Uni, ihre Examensarbeit abzuholen. Die hatte niemand begutachtet, für Juden waren Examen nicht mehr vorgesehen. Damit endet die Eingangsszene des Rückblicks.

Edith hatte einen Freund, den sie Pepi nannte, die große Liebe ihres Lebens. Pepi, Joseph Rosenfeld, war auch der Sohn eines Juden, aber der war früh gestorben und deshalb konnte Pepi als – so die Ideologie der Deutschen – Halbjude überleben, wenn er nur nicht auffiel. Sie kannten sich vom Studium. Pepi konnte sogar zum Dr. Rosenfeld promovieren, nur als Edith ins Lager geschickt wurde, konnte er nichts für sie tun. Sie arbeitete als Zwangsarbeiterin auf einem Gut, danach in einer Kartonagenfabrik in Ostdeutschland, bis zu 80 Stunden in der Woche. Da wurde man noch bezahlt, 22 Reichspfennig die Stunde. Die Deutschen waren korrekt, wie es deutscher Tugend entspricht, die Lohnzettel (»Sofort nachzählen! Spätere Reklamationen werden nicht anerkannt!«) waren mustergültig. Zwangsarbeiter zahlten Bürgersteuer und Sozialversicherung.

Pepi hatte ihr eine billige Boxkamera geschickt, mit der sie schlichte Bilder machte im Lager. Und er hatte ihr den »Faust« mitgegeben; in jeder freien Minute las sie Goethes Verse, das war »meine Bibel«. Sonst schrieb sie liebe Briefe an ihren Pepi, traurige, manchmal zwei am Tag: »... ist es denn möglich zu glauben, daß alle Juden in Wien Armbinden tragen sollen? ... Ich soll nie mehr mit Dir durch unsere Gassen und Straßen gehen? Ich soll in Wien, in unserem Wien nicht mehr zu Hause sein! Nein, das kann nicht sein ...« Oft sind Ediths Briefe voll Sorge um den Geliebten. Daß er bei Bombenalarm nur ja in den Luftschutzbunker gehe, das müsse er ihr versprechen. Und da ist die ständige Angst um die Mutter, von der sie nichts hört. Man erfährt so allerhand: Daß die Juden nach Polen geschickt werden, heißt es, angeblich um dort angesiedelt zu werden. »Über Polen mache ich mir keine Gedanken«, schreibt sie an Pepi. Eine Freundin namens Minna berichtet Edith resigniert, daß sie wieder »zur Schule« müsse, aber »das Schneeschaufeln« sei nicht so schlimm. Es waren naive Codes, eine Wort stand für das Gestapo-Quartier, das andere war die Umschreibung für das Schrubben der Bürgersteige, wozu die Juden unter dem Hohn des Pöbels gezwungen wurden.

Als Pepi telegraphiert, daß Mutter abgeholt werden soll – »Bin nicht mehr zu Hause. Komm sofort. Mama« – kriegt die junge Edith tatsächlich Heimaturlaub. Nur, als sie in Wien eintrifft, ist es schon zu spät. Was ihr bleibt, sind nur noch ein paar Postkarten. »Mir ist so traurig ums Herz«, steht auf einer geschrieben, »ich will leben.« Und eine andere Postkarte mit einer Hitler-Briefmarke und dem Poststempel, der für Spenden zur Altkleider- und Spinnstoffsammlung 1942 aufruft, endet mit den Worten: »Wir gehen in die Schule, ich freue mich auf ein Wiedersehen.« Angela, Ediths Tochter, die wir in einem Café in London in ihrer Mittagspause getroffen haben, sagt, sie habe als Kind darunter gelitten, daß es keine Familie gab. Nur die Mutter und sie. Und wenn sie Geburtstag hatte, dann habe Edith ihr immer ein halbes Dutzend Geburtstagskarten von fiktiven Onkeln und Tanten geschrieben, in England sei das wichtig für ein Kind. Die richtigen acht Tanten und Onkel und 24 Cousins und Cousinen und auch die Großmutter gab es nicht mehr. Aber Edith lebt.

In Wien damals als Jüdin war sie untergetaucht und hat gegen jede Wahrscheinlichkeit überlebt. Den Geliebten traf sie manchmal im Park, aber am liebsten am Bahnhof, da konnte man sich küssen ohne aufzufallen. Ein paar Wochen blieb Edith in einer leerstehenden Wohnung, zu der Pepis Mutter die Schlüssel hatte. Es gab Situationen, in denen sie haarscharf an der Entdeckung vorbeischrammte. Eine Bekannte, selbst Nazi, schickte sie zu einem Deutschen, der ihr helfen würde, ausgerechnet einer vom Amt für Rassenfragen, ein riesiger Mann, in SA-Uniform. »Sie haben Glück«, sagte er, »ich werde morgen nach Nordafrika versetzt.«

Bis heute hat Edith nicht durchschaut, warum dieser Mann ihr gegen jede Nazi-Logik geholfen hat. Ediths Tochter hat vor ein paar Jahren in Wien versucht, die Söhne des SA-Mannes ausfindig zu machen. »Die würden doch sicher gerne wissen, was ihr Vater getan hat.« Edith hatte sich ihm, einem Menschen in Reiterstiefeln, als Jüdin zu erkennen gegeben, und er gab Tips, was zu tun wäre, um an Ausweise zu kommen. Seinem Rat ist sie gefolgt: Eine Freundin, Christine Margarethe Denner, meldete den Verlust der eigenen Papiere nach einem vorgeblichen Bootsunfall. Diese Christine, acht Jahre jünger als Edith, riskierte das eigene Leben. Der SA-Mann Plattner hatte genau instruiert, was sie verlieren mußte, bis hin zur Geburtsurkunde. Er hatte Edith geraten, sich eine Bahnstreckenkarte mit eigenem Paßbild auf Christines Namen ausstellen zu lassen. Das war mit einigem Mut leicht zu machen, und da sie damit eine Art Ausweis hatte, konnte sie sich die Papiere der Freundin neu ausstellen lassen. So hat sich Edith die Identität der Christine geborgt.

Als Fräulein Denner lebte Edith in München, meldete sich beim Roten Kreuz zu einem Schwestern-Lehrgang, weil das Rote Kreuz eine eigene Zentralkartei hatte, in der eine zweite Christine Margarethe Denner nicht auftauchen konnte. In unserem fiktiven Film sehen wir sie als besonders eifrige Krankenschwester, die auch beim Treue-

Eid auf den Führer scheinbar unbewegt bleibt. Im Unterricht sehen wir sie, wie sie aufmerksam hört, daß »der Führer eine besondere Liebe zu den deutschen Krankenschwestern empfindet«.

In ihrer freien Zeit bleibt sie für sich, besucht Münchner Galerien, und die Pinakothek ist der richtige Hintergrund für die Begegnung mit einem Mann, der ihr den Hof machen wird. Gelegentlich hatte sie sich schon ausführen lassen, hatte aber keinen Mann zweimal getroffen. Nur dieser Werner V., überzeugter Nazi mit niedriger Parteinummer, groß, blond und blauäugig, der läßt sich nicht abweisen. Er ist auf Urlaub in München, lebt sonst in Brandenburg, arbeitet in der Flugzeugindustrie, ist selbstsicher und verliebt sich in Edith. Er schickt Telegramme, schreibt Briefe, wirbt um die junge Frau, und Pepi, der Geliebte daheim in Wien, zögert. Wohl hatte er einst geschrieben »... Du bist meine Zukunft ...«, aber er mag seine Mutter in Wien nicht alleinlassen. Er ist ein schwacher Mensch, will die Signale nicht verstehen, will nicht wahrhaben, wenn Edith schreibt: »Deine Frau werde ich allerdings niemals sein, ... ich bin fest entschlossen, mich nur dem Mann hinzugeben, der mich so lieb hat, daß er auch mit mir leben und mich heiraten will.«

Nun zieht sie als Christine Denner nach Brandenburg, akzeptiert den Antrag des Mannes mit der niedrigen Parteinummer. Sie geht aufs Ganze, gesteht ihm, daß sie Jüdin ist, und seine Liebe ist größer als sein Glaube an den Führer. Beim Standesamt ist der Beamte einen Moment mißtrauisch, weil die junge Frau keinen Ahnennachweis vorlegen kann. »Sie könnten schließlich eine Jüdin sein«, sagt er und fügt nach einer schrecklichen Pause hinzu: »Aber das sieht ja jeder, daß Sie keine sind.« (Als Angela schon erwachsen war, hat die Mutter erzählt, daß sie nach dem Krieg im selben Standesamt bei demselben Beamten ihre Papiere auf ihren richtigen Namen umschreiben ließ. Der sei empört gewesen über die zurückliegende Urkundenfälschung.) Jedenfalls hat sie ihn 1943 geheiratet, den großen, blonden Deutschen, und im Jahr darauf ist Angela zur Welt gekommen. Die Geburt sei furchtbar gewesen, hat ihre Mutter erzählt, weil Edith, aus Angst, in der Bewußtlosigkeit unter Drogen etwas preiszugeben, jedes Schmerzmittel, jede Betäubung verweigert habe. Es können nicht viele jüdische Kinder 1944 in einem deutschen Krankenhaus geboren worden sein.

So also hat Edith überlebt, und mit ihr ihre Tochter. Ihr Mann, der Nazi, ist kurz vor Schluß noch zur Ostfront eingezogen worden und in russische Gefangenschaft geraten. Beim Los 347 von Sotheby's befindet sich auch ein geschmuggelter Brief des Kriegsgefangenen. Auf dünnstem Papier in winziger Schrift hatte er in vielen Stunden einen wortreichen Bericht über sein Gefangenenschicksal verfaßt. Von deutscher Größe war nichts mehr geblieben. »Die Umstände unserer Verehelichung« müßten doch »meine antifaschistische Einstellung« beweisen. In einem Brillenetui war der Kassiber von einem Heimkehrer nach Deutschland mitgebracht worden.

Das Leben nach dem Überleben ist für Edith

auch nicht ungefährlich gewesen. Die russischen Besatzer ernannten sie zur Richterin, ihre juristische Ausbildung war wieder anerkannt. Aber weil nach Hitler der Stalinismus eingekehrt war, bedrängten KGB-Offiziere die junge Frau, für den russischen Geheimdienst als Agentin zu arbeiten. So sollte sie sich für ihre Befreiung erkenntlich zeigen. Und wieder einmal mußte Edith fliehen. Von ihrem Mann, wiewohl sie die Gültigkeit der Ehe nie in Zweifel zog, hat sie sich bald nach dessen Heimkehr getrennt. Pepi in Wien war auch nicht der, den sie in Erinnerung hatte, er heiratete eine andere.

Angela, die Tochter, ist mit der Mutter in England aufgewachsen. Für ihren Vater, den sie seit zwanzig Jahren nicht gesehen hat, empfindet sie leidenschaftslose Verachtung. »Was hat er denn riskiert«, sagt sie, »er hätte jederzeit bestreiten können, daß er ihre Identität gekannt hat.« Über Pepi spricht sie mit Nachsicht. Wenn er nur nicht so schwach gewesen wäre. Bei einem Wiedersehen in den fünfziger Jahren hatte er Edith die Briefe zurückgegeben. Mehr als 250 Briefe, auch solche, die sie unter angenommenen Namen verfaßt hatte, auch die ihrer Mutter an Pepi. Das alles ist nun versteigert worden.

Edith, die in Israel lebt, hat wohl ein bißchen Sorgen, wie sie alte Leute manchmal haben. Das Geld soll ihr materielle Sicherheit geben, wenn sie irgendwann nicht mehr allein leben kann. Der österreichische Staat zahlt nichts, die deutsche Bundesrepublik hat eine Entschädigung für drei Jahre im Untergrund ausgeschüttet. Das war so viel, daß sich Edith seinerzeit einen zweiwöchigen Urlaub davon geleistet hat. Pepi ist in den sechziger Jahren gestorben. Angela ist geschieden und nach langen Jahren in Deutschland wieder nach England zurückgekehrt. »Der Antisemitismus in Deutschland ist schlimmer geworden in den letzten Jahren«, sagt sie, »ich wollte das nicht mehr ertragen.« In welchem KZ Ediths Mutter, Angelas Großmutter, zu Tode gekommen ist, weiß man nicht. Christine Denner, die als junge Frau ihre Identität verliehen hat, ist vor ein paar Jahren gestorben. Im Garten der Gerechtigkeit in Yad Vashem durfte sie einen Baum pflanzen. Das ist die höchste Ehre, die Israel an Nichtjuden zu vergeben hat.

Die letzte Szene. Zwei amerikanische Geschäftsleute im fernen Pennsylvania saßen am Telephon und boten gegen die Insassen, die sich in der Londoner Aeolian Hall bei Sotheby's versammelt hatten. Sie hörten den Beifall nicht mehr, als sie endlich bei 100.500 Pfund den Zuschlag erhielten. Einer der beiden hatte selbst als Junge in deutschen Internierungslagern gesessen. Die Papiere der Edith Hahn sollen dem Holocaust Museum in Washington gestiftet werden.

Ein Stück Britannien, das fünf Jahre lang unterm Hakenkreuz stand

Die kleine Insel Guernsey im Schatten des großen Krieges

Einen besseren Platz als die Insel Guernsey konnte es für den deutschen Soldaten Wilhelm Joanknecht nicht geben. In seiner Jugend in Paderborn hatte er noch nie etwas von den Kanalinseln gehört, aber auf Guernsey hat er dann den Krieg halbwegs anständig hinter sich gebracht. »Ich habe Glück gehabt, ich habe nie einen Schuß abgegeben.« Er war zur Marine eingezogen worden, ein schlichter Mensch ohne Ausbildung und ohne Perspektive, der nach Jungvolk-Zeit und Arbeitsdienst (»das hat mir Spaß gemacht, viel Sport, und die Verpflegung war gut«) keine Ahnung vom Krieg hatte und, da war er typisch deutsch, Politik interessierte ihn sowieso nicht. Als er 1942 nach Guernsey versetzt wurde, war er gerade zwanzig Jahre alt. Am Hafen von St. Peter Port, der Hauptstadt der Insel, schob er langweiligen Dienst, die Deutschen hatten eine Funkstation eingerichtet. Willi war Funker und pflegte die Landsertugend, nicht aufzufallen und sich von Offizieren fernzuhalten.

Das Mädchen Dorothy May war 14 Jahre alt, als die Deutschen kamen. In den Wirren der Evakuierung, da an drei Junitagen des Jahres 1940 (eine Woche vor Ankunft der Deutschen, wie sich herausstellen sollte) gut 10.000 Insulaner nach England geschafft wurden, hatten ihre Eltern sie bei einer Tante zurückgelassen. Dolly arbeitete im Krankenhaus und im Kramladen des Onkels. Sie sah Willi Joanknecht gelegentlich auf der Straße, und der junge Mann gefiel ihr, er war blond und hatte blaue Augen. Wenn er fesch grüßend die Hand an die Mütze legte, streckte sie ihm die Zunge heraus. Man lebte unter deutscher Besetzung, aber die meisten Menschen auf den Inseln vor der Normandie hatten sich mit den deutschen Besatzern arrangiert. Es war, so der Buchtitel der britischen Journalistin Madelaine Bunting, »The Model Occupation«. Der Widerstand auf den Inseln war kaum der Rede wert, zeigte sich, vor allem gegen Ende der Besetzung, als V-Zeichen (für Victory), das wagemutige Menschen auf Straßenschilder malten. Das Mädchen Dolly beschränkte ihren kleinen Widerstand auf Dumme-Mädchen-Streiche, versteckte die Klamotten der Soldaten, wenn die im Meer badeten, oder nähte Ärmel zu, wenn ihre Tante deren Wäsche wusch.

Die Okkupation der Kanalinseln hatte Ende Juni 1940 begonnen. Zuvor hatten die Deutschen die Inselstädte St. Helier auf Jersey und St. Peter Port auf Guernsey bombardiert, wobei 44 Zivilisten zu Tode kamen. Der Luftangriff war besonders unsinnig, weil die Regierung die Inseln demilitarisiert, alle Streitkräfte abgezogen hatte. Da war keine Gegenwehr, als die Flugzeuge auf Guernsey Airport landeten, und auch später hielt sich die Resistance gegen die Besatzer in Grenzen. Die Leute sprechen bis heute nicht gern über diesen Aspekt. Aber am meisten beschämt sie, daß die Deutschen selbst in dieser lächerlich kleinen Inselwelt nach Juden suchten und drei junge Jüdinnen fanden, die abtransportiert und umgebracht wurden. Es fand sich niemand, der sie versteckt hätte, im Gegenteil: Weil die Deutschen die britischen Behörden im Amt ließen, hatten Beamte Seiner Majestät bei der Suche nach den Juden kooperiert.

»Es gab nichts, was wir tun konnten«, sagt die Rentnerin Beatrice Bisson, »da waren mehr deutsche Soldaten als Einwohner.« Mrs. Bisson und ihr Mann gehörten zu den mehr als 2000 Inselbewohnern, die von den Deutschen nach Deutschland verschleppt und in einem Lager im schwäbischen Biberach interniert wurden, wo ihre Tochter Anne geboren wurde. Aber es gibt keine Bitterkeit gegen die Deutschen. Das einzige, was Mutter und Tochter der ehemaligen Besatzungsmacht heute noch vorwerfen, ist die Weigerung, den Internierten eine Entschädigung zu zahlen. »Es geht nicht um große Summen«, sagt Tochter Anne, die eine erfolglose Kampagne geführt hat, »aber eine symbolische Anerkennung hätten wir schon erwartet.«

Winston Churchill hatte seine »We shall-never-surrender«-Rede nicht lange vor der deutschen Landung in Guernsey gehalten. Jeder Brite kennt die berühmt gewordenen Worte: »Wir werden an den Stränden gegen sie kämpfen, wir werden an den Landungsplätzen gegen sie kämpfen, wir werden in den Feldern gegen sie kämpfen und in den Straßen … niemals werden wir uns ergeben.«

Aber die Kanalinseln sind kampflos gefallen, weil die Bewohner keine andere Wahl hatten. Dort wehte fünf Jahre lang das Hakenkreuz über britischer Erde. Und die alten Photos haben fast eine Art makabren Charme: der britische Bobby, der einem deutschen Soldaten den Weg weist, ein britisches Kino, mit dem Filmplakat »Sieg im Westen«; deutsche Infanteristen auf dem Marsch durch die Hauptstraße (die eine Weile auch so hieß) von St. Peter Port mit Lloyds Bank im Hintergrund.

Dem Mädchen Dolly gefielen die deutschen Soldaten, die hätten so schön gesungen, sagt sie, von der Heide und dem Blümelein, »und das heißt«, zwo-drei-vier, »Eeeerika«. Aber eines Tages wurde sie festgenommen. Der Vorwurf lautete auf Diebstahl und Hehlerei, nachdem im Laden ihres Onkels Konterbande aufgetaucht war. Vier Monate, abzusitzen in einem Gefängnis in Paris, lautete der Spruch. Von einem Urteil konnte, weil es keine Verhandlung gab, nicht recht die Rede sein. Ein deutscher Polizist brachte sie nach Paris, da hätte sie gut türmen können, zumal der Mann so sturzbetrunken war, daß sie ihn führen mußte, bis er ausgenüchtert war. Doch war Dolly so verängstigt, weil sie doch nie zuvor auf dem Festland gewesen war, daß sie gar nicht gewußt hätte, wohin. Die größte Gefahr, nach der Gefängnisstrafe in die Mühle der Nazis zu geraten, in einem KZ zu landen, ging an ihr vorbei.

Auf der Rückfahrt haben sie sich dann endlich getroffen, das Mädchen Dolly und Willi, der Deutsche. Er nahm sich ihrer an, und als sie wieder in St. Peter Port war, hat er ihr den Hof gemacht. Es war die große Liebe, zunächst eine von vielen großen Lieben zwischen einheimischen Mädchen und deutschen Landsern, doch eine der wenigen, die überdauerten. Wenigstens war er kein Nazi, hielt es mit seinem Vater, der immer gesagt hatte: »Wir haben den ersten Krieg gewonnen, wir werden auch den zweiten gewinnen.« Wenn er ernst war, sagte Willi, daß die Deutschen nicht gewinnen dürfen, weil er dann diese Uniform tragen müßte, bis er 50 wäre. Ein paar Mal hatte er auf Versetzungs-Listen gestanden, aber das Fronterlebnis ist ihm erspart geblieben, weil ein Vorgesetzter regelmäßig einen Grund fand, den Funker Joanknecht für unabkömmlich zu erklären. Willi war ein zu guter Fußballspieler, linker Läufer im Marine-Team, als daß man ihn entbehren konnte.

Einmal, mit Dolly auf einer Parkbank, wurde Willi von einem Hauptmann angepfiffen. Ob er denn nicht wisse, daß das Fraternisieren mit Zivilisten verboten sei. Name? Matrose Wilms, sagte Willi Joanknecht, nein, sein Soldbuch habe er nicht dabei, die Erkennungsmarke auch nicht. Später hörte er, daß nach einem blonden Matrosen gefahndet wurde. Aber auch davon abgesehen war an Heirat nicht zu denken. »Ich kannte eine Quäker-Lady«, sagt Dolly, »die sagte, vor Gott brauchten wir uns nicht an die Gesetze zu halten, die von Menschen gemacht sind. Da haben wir uns selbst verheiratet.« In der Kleinen Kapelle, Little Chapel, nicht weit vom Flughafen, einem winzigen Kirchlein, das ein frommer

Mönch nach dem Vorbild von Lourdes gebaut hat und in der kaum mehr als fünf Leute Platz finden, haben sie das erste Mal, ganz heimlich, geheiratet. Willi hatte seiner Braut einen Gardinenring über den Finger gestreift. Das war schon nach der Landung der Alliierten in der Normandie. Und als der Krieg zu Ende war, da war ihr Tony schon geboren. »Das war selbstsüchtig von mir«, sagt Dolly. »Wenn sie mir meinen Willi wegnähmen, dachte ich, dann hätte ich wenigstens sein Kind.«

Niemand weiß genau, wie viele Menschen in Jersey und Guernsey aus der Generation der Fünfzigjährigen deutsche Väter haben. »Es gab so viele Babies«, sagt Dolly, halb scherzhaft hinzufügend, daß es der Inselbevölkerung vielleicht ganz guttat, daß ein bißchen frisches Blut dazukam. »Wir haben einen gekannt, der hat erst mit elf oder zwölf erfahren, daß sein Vater Deutscher war, aber seine Mutter hat ihm nie den Namen gesagt, und der Junge hat später lange und vergeblich gesucht.« Auf der Nachbarinsel Jersey gab es ein Mädchen namens Alice, das hatte sich, wie Dolly, ebenfalls in einen Landser verliebt. Diese Alice war 18, als klar war, daß der Krieg zu Ende ging, und weil sie Angst hatte, den Geliebten zu verlieren, hatte sie ihn versteckt. Sie wurden beide gefangen und zum Tode verurteilt. Alice wurde begnadigt, aber der Junge wurde erschossen; bei Fahnenflucht gaben die Deutschen keinen Pardon.

An den Küsten von Guernsey, Jersey und Alderney haben die Deutschen mächtige, burgartige Bauten hinterlassen, die Inseln waren hoch gerüstet und wären nur unter schweren Verlusten zu erobern gewesen. Die Schreckensherrschaft der Eroberer, die sich auf Guernsey und Jersey überwiegend als korrekte Besatzer verhalten hatten, beschränkte sich auf die kleine Nachbarinsel Alderney. Da gab es ein Konzentrationslager, das einzige auf britischer Erde, in dem Menschen aus ganz Europa zusammengepfercht wurden. Später wurden 337 Gräber gezählt, doch die Frage, wie viele Sklavenarbeiter tatsächlich zu Tode gekommen sind, ist bis heute ungeklärt. Überlebende glauben, daß es eher Tausende als Hunderte gewesen sind. Am Ende aber haben die Alliierten, haben auch die Briten die Festung im Meer einfach ignoriert. Das Reich war längst besiegt, als die Deutschen am 9. Mai auch auf den Kanalinseln kapitulierten.

Als der Krieg zu Ende war, wollte Dolly ihren Willi verstecken, aber der war, wie immer, pragmatisch genug, ließ sich nicht aus seiner westfälischen Ruhe bringen und ging in Kriegsgefangenschaft. Seiner Braut blieb als Pfand ein Sohn und ein Gardinenring. Keinen Jahrgang hatte der Krieg so dezimiert wie den des Willi Joanknecht, geboren 1922, und er war durch den Krieg gekommen, ohne je zu schießen. Als Kriegsgefangener in England arbeitete er auf dem Lande, und 1947 haben sie dann richtig geheiratet, Willi war der erste deutsche *Prisoner of War*, der ein britisches Mädchen zur Frau nahm, und sie waren das erste und einzige Paar aus Guernsey. Auf der Insel waren sie danach unerwünscht. Die Bürger holten für ein paar Jahre den versäumten Widerstand nach. Später machte das Ehepaar Joanknecht, das sich in Plymouth niedergelassen hatte, gelegentlich Ferien in Guernsey, und gelegentlich werden die beiden noch zu Gedenkfeiern eingeladen. Willi kämpft noch immer mit der englischen Sprache, hat seinen breiten Akzent nie verloren. Sie haben drei weitere Kinder bekommen, sind zeitlebens arm geblieben und heute ein altes, sehr glückliches Paar.

Ein aufgehellter Schatten der Vergangenheit

Der Führer der britischen Schwarzhemden als Star einer Fernsehserie

Eine Weile kann man noch Menschen treffen, die dabeigewesen sind, damals, als im Londoner East End die Faschisten durch das jüdische Viertel marschieren wollten, um den Juden zu zeigen, wer Herr im Hause ist. Es war das Jahr 1936, die Nazis in Deutschland waren auf dem Höhepunkt ihrer Popularität, und in England wollte Oswald Mosley es den Deutschen gleichtun. Er war ein Mann, der sich an den Marschkolonnen seiner Schwarzhemden berauschen konnte, mehr aber noch an der Gewalt seiner eigenen Rede.

William Fishman, Jahrgang '21 und Professor für Geschichte, hat miterlebt, wie der Marsch der Faschisten durch das East End verhindert wurde. »Ich bin dabeigewesen als 15jähriger«, sagt William Fishman, »und wir haben sie zurückgeschlagen.« Jüdische Handwerker, Händler und Intellektuelle bauten zusammen mit den katholischen Hafenarbeitern aus den nahen Docks Barrikaden und standen gemeinsam gegen Mosley. Die Docker hatten nicht vergessen, daß es jüdische Schneider gewesen waren, die sie während der Hafenstreiks unterstützt hatten. »They shall not pass« war die Parole, sie werden nicht durchkommen, entsprechend der Losung spanischer Republikaner in jenem Jahr: »No pasaran!« Das war die Schlacht, die als Kampf in der Cable Street Geschichte gemacht hat – die Faschisten haben sich von dieser Niederlage nicht wieder erholt.

Der Autor Nicholas Mosley, Sohn des Sir Oswald Mosley, ist zwei Jahre jünger als William Fishman. Er ist ein angesehener Literat, ausgezeichnet mit dem »Whitbread Price« für einen Roman, und beim wichtigsten Literatur-Preis, dem »Booker«, hat er es einmal in die Endausscheidung gebracht. Ob es aber richtig war, den Sohn als Ratgeber für eine vierteilige Fernsehserie über den Vater zu verpflichten? Die Serie lief nun auf *Channel Four*, und schon vor der Ausstrahlung hatte die Kontroverse begonnen.

Fred Mullallay ist ein Veteran unter Journalisten, er hat die erste Studie über den britischen Faschismus der dreißiger Jahre geschrieben und war selbst einmal vom Mosley-Mob angegriffen worden. »So wie in der TV-Serie«, sagt Mullallay, »hätte Mosley sich selbst gern gesehen.« Und in der Tat zeichnen zumindest die ersten beiden Folgen die Geschichte eines arroganten, aber durchaus nicht unsympathischen Politikers, der sich gegen das britische Establishment stellt. Dabei war Mosley, Baronet aus einer Familie, die in Manchester zu Reichtum gekommen war, selbst eine typische Figur der englischen Oberklasse.

Die jüngere Generation kennt seinen Namen kaum noch, für die älteren ist er die Mahnung, daß selbst die Briten nicht völlig unempfänglich für Faschisten gewesen sind. Mosley begann seine politische Karriere als Heimkehrer aus dem Ersten

Weltkrieg und zog für die Konservativen ins Unterhaus. Als er seine erste Frau, Nicholas' Mutter, heiratete, kam der König in die Kirche. Sie war eine Curzon, Tochter des Außenministers, und der Schwiegervater war außer sich, als Mosley, die eigene Karriere im Sinn, zu Labour überlief. Als Labour-Mann diente er im Kabinett des glücklosen Ramsey MacDonald, der später gemeinsame Sache mit den Tories machen sollte und in der Arbeiterpartei seither als Verräter galt. Da war aber Mosley schon wieder nach rechts abgeschwenkt, weiter als je zuvor, und hatte seine eigene »New Party« gebildet. Ein Jahr später, beeindruckt von Mussolini und noch bevor in Deutschland die Nazis an die Macht kamen, gründete er die »British Union of Fascists«. Die alten Bilder zeigen ihn, ganz in Schwarz, durch das Spalier hochgereckter Arme schreiten. In der Fernsehserie hat diese Szene etwas Operettenhaftes.

Überhaupt, so der Vorwurf des Kritikers Mullallay, gefällt sich die TV-Serie in den Eskapaden des Oswald Mosley. Er wird als Frauenheld gezeichnet, als »ein charmanter, intelligenter Mann, und es gibt keine Stimme, die einem sagt, was für ein Verrückter er gewesen ist, was für ein Idiot.« Bevor es überhaupt zu den häßlicheren Szenen kommt, hat der Zuschauer den Protagonisten fast liebgewonnen. Es wäre sicher unzutreffend, dem Film antisemitische Tendenzen zu unterstellen, was schon deshalb nicht paßt, weil die beiden Autoren und der Produzent Juden sind. Freilich wird auch nicht deutlich, was für ein Antisemit Oswald Mosley gewesen ist.

Er hat sich nicht mehr geändert, so wenig wie Diana, Nicholas' Stiefmutter, die Mosley nach dem Tod seiner ersten Frau heiratete. Sie stammte ihrerseits aus aristokratischer Familie, die Politiker und Literaten hervorgebracht hat, war eine geborene Mitford. Sie hatten 1936 heimlich in Deutschland geheiratet, und Hitler, den beide bewunderten, war Hochzeitsgast. In England wußte es niemand. Nicht einmal Nicholas Mosley, als die Heirat zwei Jahre später publik wurde. Seinen Mitschülern erzählte er, daß er seinem Vater geschworen habe, das Geheimnis zu wahren. Aber dem Vater schrieb er: »Ich habe nichts dagegen, daß Du verheiratet bist. Ich mag sie sogar. Aber Du hättest es mir schon sagen können.«

Bei Wahlen haben die Mosley-Faschisten nie auch nur einen Sitz gewonnen. Oswald Mosley wäre nichts als eine komische Figur gewesen, hätte er nicht mit seinem vulgären Antisemitismus das Klima zunehmend vergiftet. Gelegentlich griff er auch seine alten Labour-Genossen an, besonders Emmanuel Shinwell, den er verächtlich »einen jüdischen Sozialisten« nannte.

Als Mosley 1940 von einer Regierungskommission vernommen wurde, machte er aus seinem Antisemitismus keinen Hehl. Mosley und seine Frau wurden interniert – mit Stil, wie es sich bei einem Angehörigen der britischen Oberklasse ziemt. Das Paar hatte zwei nebeneinanderliegende Zellen im Frauengefängnis von Holloway. Lady Mosley ließ sich regelmäßig Kleiderkollektionen ins Gefängnis bringen, Mitgefangene aus niederen Ständen wurden von Sir und Lady als

Domestiken angestellt. So ganz hatte sie das Establishment nie fallengelassen: Winston Churchill verwendete sich für sie, schließlich war Lady Mosley seine Cousine.

Nicholas Mosley ist, während seine Eltern im Gefängnis interniert waren, in den Krieg gegen die Deutschen gezogen, ist schnell vom Gefreiten zum Leutnant aufgestiegen. Als Sohn hat er selbst später noch seine Schwierigkeiten gehabt, sich den Judenhaß seines Vaters einzugestehen. Trost suchte er in einzelnen Mosley-Zitaten – »Hitlers größter Fehler war sein Verhalten gegenüber den Juden« – und darin, daß der Vater von noch extremeren Gegnern als »kosher fascist« beschimpft wurde. Auch die Schlacht um die Cable Street sieht Mosley der Jüngere in einem anderen Licht als etwa William Fishman. Es sei vor allem, sagt Nicholas, eine Auseinandersetzung zwischen der Polizei und den Gegendemonstranten gewesen, und daß sich die Polizei zurückziehen mußte, sei eine noch größere Schmach für Mosley gewesen, der kampflos das Feld räumen mußte.

Nach dem Krieg ist Mosley nicht zur Vernunft gekommen. Da hat er neue Feinde gefunden, die schwarzen Einwanderer, die er allesamt nach Hause schicken wollte. Als sein Sohn einmal heimlich eine Rede anhörte, in der der Alte von Schwarzen schwadronierte, die weiße Teenager auf dem Dachboden gefangen hielten, stellte er ihn zur Rede. Wo er schon nicht einsehe, daß er unrecht habe, würde ihm wenigstens klar sein, daß er sich selber schade? Der Vater, unversöhnlich, antwortete nur: »Ich werde nie wieder mit dir reden.«

Sie haben sich dann doch noch versöhnt, kurz bevor er 1980 im Alter von 84 Jahren starb. Mosley hinterließ seinem Sohn all seine Aufzeichnungen und Dokumente, damit er seine Geschichte schreiben möge. Seither ist die Betrachtungsweise des jungen, inzwischen auch 75jährigen, Mosley gegenüber seinem Vater weicher geworden. Und das hat sich offenbar auf die englische Fernsehserie »Mosley« ausgewirkt.

Später Versuch, die große Schande zu tilgen

Warum ein adliger Schotte, der 1944 wegen Befehlsverweigerung unehrenhaft aus der Armee entlassen wurde, jetzt seine Rehabilitierung betreibt

Es gab einen schändlichen Moment im Leben des Ehrenwerten William Douglas Home, den wird er nie vergessen. Da war dieser Augenblick im Herbst 1944, der ihn immer wieder einholt, und noch auf seine alten Tage hält er an der Hoffnung fest, ihn ungeschehen zu machen. An einem ruhigen Vormittag in seinem leicht chaotischen Arbeitszimmer mit Blick auf den winterlich kargen Garten und ein paar friedliche Schafe in einem schönen Teil von Hampshire in der Nähe von Winchester läßt sich der Alte noch einmal auf die unbequeme Erinnerung ein. Es hat der Bruder des früheren Premierministers, Sohn des 13. Grafen von Home – schottisches Adelsgeschlecht –, manche längst vergessene Niederlage hingenommen. Aber die ganz große Schande ist nicht vergessen, nicht getilgt.

Befehlsgemäß hatte sich der Captain William Douglas Home damals in der Offiziersmesse eingefunden. Er hatte den doppelten Whisky des Meß-Sergeant hinuntergekippt, vor ihm hatte sich ein Oberstleutnant aufgebaut, der Regimentskommandeur war Zeuge. Mit kurzen kräftigen Griffen wurden dem Hauptmann Douglas Home die

Achselklappen und Ehrenzeichen von der Uniformjacke gerissen. Da war er nicht länger Soldat.

Andererseits war der Schriftsteller Douglas Home ohnedies nur widerwillig in den Krieg gezogen, und zur Offiziersakademie hatten sie ihn, den Wehrpflichtigen, auch nur deshalb geschickt, weil ein Mann seiner Herkunft nicht, wie es sein Oberst ausdrückte, »den ganzen Krieg als Korporal herumhängen kann«. Nachdem er dann Offizier im renommierten Royal Kent Regiment geworden war, hatte er wiederholt vergeblich versucht, sein Offizierspatent zurückzugeben. Auf ihn könne man sich nicht unbedingt verlassen, so habe er jedem zu verstehen gegeben; weil es keinerlei Friedensziele gebe, sei dies nicht sein Krieg.

Die längste Zeit hatte er einen geruhsamen Militärdienst daheim in England gehabt, und auch in Frankreich war es nicht so schlecht. Er schrieb nachdenkliche, manchmal komische Briefe nach Hause. (»Eine Kuh kam vorige Nacht in Waddels Zelt und hat seinen Schwamm aufgefressen.«) An jenem 8. September 1944 schickte sich seine Einheit an, die von den Deutschen zur Festung erklärte Hafenstadt Le Havre zurückzuerobern. Nun war es aber so, daß dem Hauptmann Douglas Home ein Kamerad, ein Nachrichtenoffizier, von dem Angebot des deutschen Festungskommandanten erzählt hatte, die französische Zivilbevölkerung vor der Schlacht abziehen zu lassen – ein Vorschlag, der, warum auch immer, zurückgewiesen wurde. »Wenn man sich heute überlegt, welche Anstrengungen die Alliierten im

Golfkrieg unternommen haben, die Zivilisten zu schonen, wo immer es möglich war ...«, räsoniert der frühere Hauptmann und fühlt sich in seiner pazifistischen Haltung bestätigt.

Jedenfalls hat er nicht mitgemacht. »Dear Pa and Ma«, schrieb er an die Eltern, »ich fürchte, ich habe mich in ziemliche Schwierigkeiten gebracht. Ich habe den Befehl verweigert, an dem Angriff auf Le Havre teilzunehmen. Ich habe die ganze Nacht darüber nachgedacht. Ich hoffe, Ihr regt Euch nicht zu sehr auf.« Er wäre dann noch einmal davongekommen, wenn er nur den Kopf eingezogen hätte. Denn seine Vorgesetzten hätten die Geschichte am liebsten totgeschwiegen, zumal da später einem anderen deutschen Festungskommandanten erlaubt wurde, die Bürger von Calais ziehen zu lassen – im Kriegsministerium war jemand nervös geworden.

Dabei wäre sein Part bei der Eroberung von Le Havre eher begrenzt gewesen. Nein, sagt er, keineswegs hätte er selbst schließen müssen. Doch der vormalige Hauptmann war nicht nur Befehlsverweigerer, sondern beharrte überdies darauf, recht zu haben. Als er per Leserbrief in der heimischen Lokalzeitung den Vorfall öffentlich machte, »da blieb ihnen nichts anderes übrig, als mich vors Kriegsgericht zu stellen«. Ein Jahr Gefängnis lautete das Urteil, acht Monate hat er abgesessen.

Douglas Home ist ein besessener Erzähler, zu allem und jedem fällt ihm eine Anekdote ein. Sein Bruder, der Lord – den der Jüngere immer nur Sir Alec nennt –, hat ihn einmal als Nervensäge beschrieben: »Man liest ein Buch oder sonstwas, und dann kommt er daher, unterbricht und erzählt irgendeine Geschichte.« Die liebsten Geschichten sind ihm die, in denen Sir Alec vorkommt, egal ob sie sich vorigen Herbst (»Sir Alec hatte diesen leichten Schlaganfall, er war gerade bei uns, da ...«) oder vor einem halben Menschenleben zugetragen haben. Zum Beispiel, wie Sir Alec, der ihm Tips fürs Pferderennen zu geben pflegt, einmal fünf von sechs Siegern korrekt vorausgesagt hat. Seither bekommt Sir Alec den zehnten Teil vom Wettgewinn. Dabei zeigt William auf das Photo eines lächelnden Lord Home (»ich nenne es immer – die aufgehende Sonne«). Oder wie Sir Alec den Bruder im Gefängnis besucht und sich die ganze Zeit nur mit dem Gefängniswärter über Cricket unterhalten hatte. Die Affäre von Le Havre hatte Sir Alec ihm nicht nachgetragen, aber daß er sich einen Bart hatte wachsen lassen, das fand er außerordentlich unpassend.

Oder: »Einmal war ich mit Sir Alec schießen, und er traf jedesmal daneben, und er sagte, er sei so furchtbar müde. Er habe eine Wahlrede halten müssen am Abend zuvor gegen einen verdammten Liberalen bei der Nachwahl in Edinburgh. Er hatte keine Ahnung, daß ich es war, gegen den er redete, daß ich gegen den konservativen Kandidaten stand.« Denn ein paar Mal während des Krieges war William Douglas Home, in Uniform, bei Nachwahlen angetreten. Er war dafür eingetreten, den Deutschen einen ehrenvollen Waffenstillstand anzubieten und so den Krieg zu beenden. »Stop this War«, war seine einzige Wahlaussage, und einmal, 1942 in Windsor, hatten ihm gerade 2000 Stimmen für den Unterhaussitz gefehlt. Gewählt wurde ein alter Freund, den er aus Oxford kannte.

Der Anekdotenvorrat des Stückeschreibers könnte Bände füllen, und anders als die meisten gibt er nicht nur jene zum besten, in denen er selber glänzt. Einmal, in jungen Jahren, hatte er den uralten George Bernard Shaw getroffen: Er hatte die Haft hinter sich und versuchte, ein Stück unterzubringen. Nach einem Lunch mit Lady Astor (der ersten gewählten Unterhaus-Abgeordneten) sagte die Dame beim Dessert, sie wolle ihn nun mal einem richtigen Dichter vorstellen. Also besuchte man den alten irischen Zyniker in einem kleinen Dorf in Hertfordshire, wo er seine letzten Jahre verlebte.

In seinem Garten in einem kleinen Häuschen, »das wie eine Telephonzelle aussah, nur daß es braun gestrichen war«, saß der Dichter Shaw und dichtete. »Komm heraus, du alter Narr«, sagte die Lady, »du hast in deinem Leben genug Unsinn geschrieben.« Er ließ sich freilich nicht stören, kam erst später zum Tee, und der junge Douglas Home folgte fasziniert dem vertraut-boshaften Geplänkel der beiden. (Sie: »Sie sind ein bitterer alter Mann; Sie müssen nach London kommen, da werde ich für Sie sorgen.« Er: »London ist mir tief zuwider.« Sie: »Dann ziehe ich zu Ihnen und kümmere mich hier um Sie.« Er: »Nichts würde mich schneller nach London treiben.«) Zum Abschied hatte der Alte doch noch einen Rat für das junge Talent. Er beugte sich hinunter zum Auto und sagte: »Schreiben Sie nur weiter ihre Stücke, junger Mann. Eines schönen Tages wird einer dieser Londoner Theatermänner in sein Büro kommen, und er wird seine Sekretärin fragen, ob etwas von Mr. Shaw in der Post sei. Und wenn sie sagt ›No, Sir‹, dann wird er sagen: ›Nun sind wir auf den Schund angewiesen.‹ Das, junger Mann, wird Ihre Chance sein.«

Der Autor Douglas Home hat seither fast vierzig Stücke geschrieben, so genau weiß er das nicht mehr. In seinem Arbeitszimmer liegen ein halbes Dutzend herum, die einstweilen kein Mensch sehen und kein Theater spielen will. Darunter eines über die Thatchers, »Rentenalter« genannt. (»Ich bin einmal in Chequers gewesen, und Denis sagte ...«) Die Kritik war ihm nicht immer wohlgesonnen, aber ein paar Stücke sind im Londoner Westend ziemlich erfolgreich gewesen. Zum Beispiel, unmittelbar nach dem Krieg, das Drama »Now Barabbas«, in das seine Gefängniserfahrungen eingeflossen sind. »Ungefähr zwei Jahrzehnte später habe ich im Garrick Club den alten Knaben getroffen, der mich verurteilt hat. Ich schuldete ihm eine Menge Geld, sagte er, ohne ihn hätte ich kein Gefängnis von innen gesehen und hätte das Theaterstück nicht schreiben können.« Seine Stücke werden noch ab und an in der Provinz gespielt, und eigentlich könnte mal wieder einer anrufen, wie damals der Lehrer aus Eton, der ein Stück für eine Schüleraufführung suchte, und er hatte ihm eins angeboten, von dem er den Staub von sieben Jahren blasen mußte. Zur Premiere nahm Douglas Home einen Londoner Impresario mit, der das Stück (»Lloyd George kannte meinen Vater«) ins Westend holte. Und zur Uraufführung lud der Autor den Jungen ein, der in Eton die Hauptrolle gespielt hatte, und präsentierte ihn Sir Ralph Richardson, dem großen Schauspieler. »Ich bin sicher, du bist besser gewesen als ich«, sagte Sir Ralph. »Nicht ganz, aber beinahe«, sagte der junge Mensch. So selbstbewußt ist man in Eton, und natürlich ist auch Douglas Home dort zur Schule gegangen.

Seine jüngste Uraufführung im provinziellen Basingstoke war ein Drama aus dem Ersten Weltkrieg und handelt von einer Verbrüderung der Tommys mit den Krauts, die sich im Schützengraben gegenüberliegen und im Niemandsland gemeinsam Weihnachten feiern. Das Stück habe den dramaturgischen Nachteil, sagt der Autor, daß 15 Männer auftreten und keine Dame, »aber ich kann ja keine dazudichten – es hat eben Weihnachten 1914 keine Frauen gegeben zwischen den Linien, oder?«

Die Briefe des William Douglas Home aus Krieg und Gefängnis hatte seine Mutter verwahrt – sie sind, nachzulesen in einem schmalen Band, ein Zeugnis, wie ein junger Mann aus bester Familie gegen die Tradition des eigenen Standes einen lächerlich tapferen Kampf wider den Krieg führte. »Ich glaube, alle haben inzwischen eingesehen, daß ich eine andere Schlacht schlage«, schrieb er seinen Eltern am 17. September 1944. »Ich habe einen Antrag geschrieben, mir zu gestatten, nach Boulogne zu gehen und mit dem deutschen Kommandanten zu sprechen. Ich saß schon in meinem Jeep mit frischgewaschenen Unterhosen, die als weiße Fahne hätten dienen können.« Aber die Erlaubnis kam nicht. Und absurd schien ihm der Gedanke, daß er, der die meisten Gebote gebrochen hat, eingesperrt werden sollte, für die Weigerung, das fünfte zu brechen.

Die Idee, das Strafmaß von damals anzufechten, kam ihm zum erstenmal, als dem Leutnant a.D. Kurt Waldheim seine Vergangenheit vorgerechnet wurde. Alle Welt, und besonders die Briten, waren der Meinung, er hätte damals den Befehl verweigern müssen. Und? »You can't have it both ways«, sagt Douglas Home, eins gehe nur. In ihm hatten sie einen, auf den konnten sie nicht bauen, aber das hatte er ihnen schon vorher gesagt. »Ich hatte das Gefühl, an etwas teilnehmen zu sollen, was wir heute ein Kriegsverbrechen nennen«, sagt er, und damals hatte er seinen Eltern geschrieben: »Wenn nicht einer tut, was ich tue, werden alle Kinder mit der Idee aufwachsen, daß man nur was gilt, wenn man jeden Morgen in der U-Bahn ein paar Leute totschießt.«

Nun hat er eine Eingabe ans Verteidigungsministerium – das er aus alter Gewohnheit immer noch Kriegsministerium nennt – gerichtet und den Bescheid bekommen, daß die Administration das Urteil von damals überprüfen werde. Die Entlassung, da will er nicht rechten, geht in Ordnung; auch die Aberkennung des Dienstgrads, sei's drum; die Gefängnisstrafe war wirklich eine wichtige Erfahrung. »Und wie Evelyn Waugh so richtig bemerkt hat: ›Ein Mann, der eine englische Public School besucht hat, fühlt sich im Gefängnis wie zu Hause.‹« Nur dieses *cashiering*, dieses Abreißen der Schulterstücke, dieses Ratschratsch hat sich ihm eingebrannt …

Vielleicht wird ja das Ministerium der Königin am Ende vorschlagen, dem William Douglas Home (dem als Sohn eines Lords der Titel Ehrenwerter zukommt) Pardon zu gewähren. Aber würde er denn heute wieder so handeln wie seinerzeit im letzten September des Krieges? »Ich glaube ja«, sagt er, der für gewöhnlich aus allem eine Pointe macht, mehr beiläufig. Der alte Schotte, der auf eigene Weise tapfer war, ein guter Kämpfer und ein miserabler Soldat, räumt ein, daß sein Verhalten nicht gerade typisch sei für einen Briten aus seiner Klasse. Doch müßten wenigstens in Le Havre ein paar Bürger der Meinung sein, daß er ein Held gewesen sei. Ein französischer Colonel hat ihm neulich einen Zeitschriftenaufsatz geschickt, in dem Douglas Homes Haltung von damals gewürdigt wird. »Ich wollte an meinen Händen kein Blut von Zivilisten«, wird er darin vom Oberst zitiert. Aber Douglas Home zweifelt: »Keine Ahnung, daß ich so was je gesagt hätte.«

In Le Havre sind bei der Eroberung durch die Alliierten mehr als 2000 französische Zivilisten zu Tode gekommen.

Ein Soldatenlied, das die Kehle zuschnürt

Das Schicksal eines 33jährigen Veteranen, der sich nur für ein paar Wochen als Held fühlen durfte und den die Bilder des Grauens immer wieder einholen

Einmal, der Krieg war schon vorbei, hat auch Ken einen Menschen totgeschossen. Er spricht davon beim Wein bei »Bertorelli«, einem eleganteren italienischen Restaurant gleich gegenüber der Oper von Covent Garden, was der Schilderung etwas Unwirkliches gibt. Ken hebt die Stimme nicht und vermeidet sogar das Pathos der Gelassenheit. Erzählt nur auf Nachfrage spärliche Einzelheiten, wie er nach dem Waffenstillstand einen Menschen umgebracht hat: »Ich glaube, er sah ein bißchen wie ein Indio aus.«

Ken Lukowiak, ein Engländer mit deutsch-polnischen Vorfahren, ist mit 33 gerade jung genug, um für eine Weile noch als junger Mann zu gelten. Mit seinen mädchenlangen Haaren und dem seidenen Hemd wirkt er wie der Gitarrist einer mittleren Popgruppe. Als Ken ins »Bertorelli« kam, umwehte ihn sein weißer weiter Mantel. Er bewegte sich sehr sicher, wie jemand, der es genießt, sich Lokale leisten zu können, in denen er früher allenfalls einen Kellnerjob gehabt hätte. Ken ist einer von den Sanften, und seine Sprache ist weich für einen Mann mit einer rauhen Geschichte. Seine Geschichte ist die des Falklandkriegs aus der Sicht des Gefreiten. Der junge Mann ist Veteran.

Der Konflikt (das lästige Wort Krieg wird von Amts wegen gemieden) ist wieder ins öffentliche Bewußtsein gerückt, vor allem seit den Gerüchten, daß britische Soldaten damals Kriegsverbrechen begangen haben könnten. Eine Frau namens Eileen Vidal, 67 Jahre, aus Port Stanley, der Hauptstadt der Falklands, erinnert daran, was ihr ein junger Fallschirmjäger damals nach der Kapitulation der Argentinier berichtet hat. Er sei blond gewesen und habe ein rotes Barett getragen und habe ihr nach einigem Zögern erzählt, wie schrecklich alles gewesen sei, wie furchtbar. Einer seiner besten Freunde sei gefallen. Deshalb, aus Rache, habe ein »Para« »einen Argentinier gezwungen, sein eigenes Grab zu graben, und ihn dann erschossen«. Dies habe sie seither verdrängt, es sei ihr erst wieder eingefallen, als Herren aus England aufgetaucht seien. Aus London waren ein paar Männer von Scotland Yard angereist, um den Behauptungen über die Verbrechen nachzugehen, die als erster der Veteran Vincent Bramley in einem Erlebnisbericht »Exkursion zur Hölle« aufgestellt hatte. Von einem ehemaligen Soldaten ist (dank der *Independent*-Korrespondentin Isabel Hilton) die erschütternde Beschreibung überliefert, wie er, der Corporal Oscar Carrizo, einen Mordversuch durch zwei Briten nur zufällig überlebte. Es schnürt einem die Kehle zu: »Sie zeigten auf mein Gewehr. Ich gab es ihnen, und sie warfen es weg. Sie wiesen auf meinen Patronengürtel, den gab ich ihnen auch, dann meine Jacke – alles.« Es sei dann sehr schnell gegangen. »Einer hat geschossen, und ich habe nichts mehr wahrgenommen.« Als er zu sich gekommen sei, habe er Schwindel und Übelkeit gefühlt. »Ich berührte meinen Kopf und fühlte etwas Hartes und dann etwas Weiches; der Arzt sagte später, das sei mein Gehirn gewesen. Meine Hand ging über mein Gesicht und fühlte etwas Blut und fühlte mein Auge, das herunterhing. Ich tat es zurück, wo es hingehört.«

Es hat in Britannien keine Diskussion um Kriegsverbrechen gegeben, und daß etwas daran wäre, mag sich niemand vorstellen. Britische Soldaten tun so etwas nicht. Weder Scotland Yard noch das Verteidigungsministerium sind bereit, die Erkenntnisse der Ermittler auch nur andeutungsweise zu kommentieren. »Viele haben ihr Leben gelassen, noch mehr haben ihr Leben riskiert auf den Falklands«, sagt Sir Nicholas Bonsor, Vorsitzender des Verteidigungsausschusses im Unterhaus, »ich halte deshalb die Behauptung, wir könnten Kriegsverbrechen begangen haben, für eine Beleidigung.«

Ken Lukowiak findet das auch und reagiert kühl, wenn die Rede darauf kommt. Er wisse nur von einem Vorfall, als einer plötzlich durchdrehte und anfing, Gefangene niederzumähen. Er sei von seinen Kameraden überwältigt worden, »und die Sache ist entsprechend behandelt worden.« (Mehr könne er nicht sagen, weil es nicht in seiner Einheit passiert sei, und sowieso wisse er das nur vom Hörensagen.) »Was erwartest du, wenn du jungen Männern eine Waffe in die Hand drückst und sie in einen Krieg schickst, achttausend Meilen von zu Haus.« Es sei auch schon so lang her.

Wenngleich die Erinnerung an die Falklands sein Leben bestimmt, will er von diesem Aspekt der Vergangenheit wenig wissen. Es ist wirklich lange her – 1982 war das Jahr, als die Prinzessin Diana ihr erstes Kind bekam. Seither hat es einen anderen Krieg gegeben, am Golf, und am Balkan versucht ein britisches Regiment, immer neue Waffenstillstände zu überwachen.

Warum ist einer wie Ken überhaupt zur Armee gegangen, freiwillig Soldat geworden? »Ich bin nicht zur Army«, sagt er, »ich bin zu den ›Parachuters‹ gegangen, das ist etwas anderes.« Wie in jeder Armee halten sich die Fallschirmjäger für etwas Besonderes. Unten in Cornwall hatte Ken ein paar gekannt und bewundert. Dieses Ein-Mann-sein-Wollen, den Macho zu spielen und dafür bewundert zu werden, bedeutet für ihn was Großes. Bis dahin waren seine Aussichten im Leben begrenzt. Ken hatte ohne Schulabschluß mit 15 angefangen zu arbeiten, dies und das, war zuletzt Croupier in einem zweitklassigen Casino in Bristol gewesen.

Das war dann wohl doch keine Perspektive. Bei den Fallschirmjägern hingegen, da sieht man was von der Welt, auch wenn es manchmal nur Ulster ist. Nordirland sei stumpfsinnig gewesen; die Kasernen waren das Schlimmste, was man sich als Soldat vorstellen kann. Man sei lieber, wie gefährlich das auch sein mochte, auf Streife gewesen, als in diesen Löchern eingesperrt zu sein. Aber er ist gern Soldat gewesen. Auf eine vertrackte Weise zehrt er noch immer von den paar Wochen Falklandkrieg. Viel später, als der Zivilist

Ken Lukowiak ganz am Boden war, hat er angefangen, darüber zu schreiben. Aber erst einmal ist er in den Knast gegangen.

Nach dem dreckigen Krieg und der triumphalen Heimkehr, als er sich für ein paar weitere Wochen als Held fühlen durfte, haben sie ihn noch einmal den halben Weg zurückgeschickt. Nach Belize, einem Rest des alten Weltreichs, dessen Staatsoberhaupt die Königin ist und dessen Verteidigung noch von den Streitkräften Ihrer Majestät besorgt wird. Die Falkland-Kampagne hatte Ken eine Medaille beschert, in Belize fing er sich eine Gefängnisstrafe ein. Er hatte es für clever gehalten, ein paar Marihuana-Pflanzen als Postpaket an seine englische Adresse zu schicken. Dafür haben sie ihn aus der Armee ausgeschlossen und zu 18 Monaten verurteilt. In dem halben Jahr, das er abgesessen hat, hat Ken zum ersten Mal im Leben was Vernünftiges gelernt, ließ sich im Malen und Tapezieren unterweisen. Damit hat er sich hinterher mühsam durchgeschlagen.

»Ist es nicht komisch«, sagt Ken, »daß sie dir ein Gewehr geben und dir sagen, daß du auf Menschen schießen sollst, und daß sie dir eine Medaille dafür geben?« Mitunter kommt er seinem Gegenüber ganz nahe beim Erzählen. »Aber wenn du ein paar tote Pflanzen in ein Paket tust und nach Hause schickst, dann stecken sie dich in die Kiste.« Ob er irgendein Bedauern fühle? »Ich bedaure, daß Chris Waddl diesen Elfmeter gegen Deutschland übers Tor geschossen hat.« Er habe, sagt Ken, genug gebüßt. Seine Frau hat sich von ihm getrennt, sein Sohn, der jetzt vierzehn ist, wächst ohne ihn auf, eine Freundin hat ihn verlassen – Soldatenlohn. Die Erinnerung an den Krieg auf den Falklands kam immer wieder, und er habe nicht gewußt, wie er die bewältigen sollte. Manchmal wacht er des Nachts auf. Dann denkt er an den toten Jungen mit dem halben Gesicht.

Viele von den Argentiniern sind ja ganz junge Kerle gewesen, so wie der Junge, den sie in einem Schützengraben gefunden hatten. Sein Gesicht war halb zerstört, er hatte nur noch das linke Auge, »und das schaute mich an«, und Kens Freund Bill suchte nach seiner Morphiumration, um das Leiden des Jungen zu mildern, und Ken versuchte den rechten Teil des Gehirns zurückzuschieben, »dahin, wo es gehört«, und dann befahl der Feldwebel, sie sollten zwei Schritte zurücktreten, und schoß den Jungen in den Rücken. Vielleicht war das barmherzig; aber wenn er wach liegt, denkt Ken noch heute, er hätte dem Sergeant in den Arm fallen, hätte den Jungen zum Sanitäter bringen sollen. Er weiß es nicht. »Was ich weiß, ist dies. Hör gut zu«, sagt er, eine Passage aus seinem Buch zitierend: »Wenn du jemals denkst, einem Mann das Leben zu nehmen, weil es aussieht, als sei ihm nicht mehr zu helfen, dann versuche, ihn nicht aus drei Metern Entfernung in den Rücken zu schießen. Setz dich neben ihn, halte seine Hand, bitte deinen Gott um Verständnis und jag ihm eine Kugel durchs Gehirn.«

So hat er das zu Papier gebracht. Er hatte in der Armee und hinter Gittern viel gelesen, und auf den Falklands waren ihm gelegentlich Passagen aus Remarques »Im Westen nichts Neues«

eingefallen. Als Kind hatte er den Film gesehen, und er erinnerte sich an die Passage, wie ein deutscher Soldat einem toten Kameraden die feinen weichen Lederstiefel abnahm und dann selbst in den Stiefeln gefallen ist. In Port Stanley habe er einen toten britischen Soldaten in argentinischen Stiefeln gesehen. »Er hatte Remarque nicht gelesen.«

Vor Jahresfrist im März, während er einem Romancier das Haus tapezierte, traute er sich, dem Auftraggeber das Manuskript vieler Nächte zu zeigen. Das war der Beginn einer Schriftstellerkarriere. Alan Brien, ein angesehener Autor, war wider Erwarten beeindruckt: »In vierzig Jahren Journalismus hat mir noch nie einer ein Manuskript in die Hand gedrückt, das auch nur einen Gedanken wert gewesen wäre.« Drei Tage darauf füllten die Erinnerungen des Falkland-Veteranen Ken Lukowiak acht Seiten im Wochenendmagazin des *Guardian.* Später ist ein Buch daraus geworden – »A Soldier's Song«; Soldatenlied. John le Carré hat gesagt: »Wenn Ihr Kind nächstes Mal ›Herrsche Britannia‹ singt, dann lesen Sie ihm hieraus vor.«

Neuerdings ist Ken seltener in Cornwall bei seinem alten Vater, der ihm Halt gegeben hat, wenn es ihm dreckig ging, der so gut zuhörte, und der ihn durchschleppte, wenn er abgebrannt war. Der alte Lukowiak ist ein starker Typ; und bisweilen tauschen Vater und Sohn Kriegserinnerungen aus. Der alte Pole – der vorübergehend Deutscher war, jetzt einen englischen Paß hat, aber Polnisch betet – ist selbst ein begnadeter Erzähler und hat wahrscheinlich in Rußland, Afrika und in der Normandie mehr erlebt als sein Junge vier Jahrzehnte danach auf den Falklands. Daß Lukowiak senior als deutscher Soldat in englische Gefangenschaft geriet und von dort in ein polnisches Regiment aufgenommen wurde, was zur Folge hatte, daß er Frankreich zweimal eroberte – erst auf deutscher, dann auf alliierter Seite –, das wäre eine Geschichte für sich. Der Alte, sagt der Sohn, hat sich zudem eine gewisse Hochachtung für die Deutschen bewahrt. Nicht zuletzt, weil sie ihm ohne viel Aufhebens eine Altersrente bewilligt haben, die er sich durch Arbeitsdienst und Wehrmachtszeit erdient hat. Seither verfolgt er den Wechselkurs, freut sich, wenn das Pfund fällt.

Ken ist auch zu Geld gekommen, sein Buch verkauft sich. Mit welcher Sehnsucht gedenkt er der Zeit, da ihm das Kleingeld lebenswichtig war. Zum Beispiel fällt es ihm schon schwer sich zu erinnern, wie das ist, wenn man Rechnungen nicht zahlen, sich keine Zigaretten leisten kann. Ken hat nämlich altmodische, inzwischen fast asoziale Habits noch nicht abgelegt. Neulich, bei der Vorstellung seines Buches in einem schnieken Restaurant (auch sein alter Colonel, längst Brigadier, war dabei), hat er einen irritierten Klatsch-Journalisten auf die Frage, was ihn am meisten an seiner neuen Karriere erfreue, beschieden: »Daß der Nachschub an Nikotin nie ausgeht.«

Wie war das nun, als er einen Menschen erschossen hat? Ken wird einsilbig. Die anderen hatten schon kapituliert. Er war allein in einem Schützengraben. Da war ein toter Argentinier. In einem anderen war noch einer, der war aber nicht tot. »Er sah mich, ich sah ihn, er hatte ein Gewehr.« Da schoß Ken, und dann war der auch tot. Dann hörte er Stimmen, englische, und hatte sofort Angst um sich und rief: »Alles in Ordnung, alles in Ordnung, ich bin vom zweiten Bataillon.« Sie waren vom dritten »Para«-Bataillon. Sie fragten, was das für Schüsse waren, und er erklärte es ihnen. Sie reagierten gleichgültig, und einer sagte nur, bevor sie weitergingen: »Ein Fucker weniger zu füttern.«

Die Dame am Nebentisch, man sitzt dicht beieinander bei »Bertorelli«, hebt die Augenbrauen. Das kann Zufall sein, in solchen Lokalen neigt man nicht dazu, fremden Gesprächen zuzuhören. Ich bestelle noch Wein und denke, daß jeder, der keinen Krieg erlebt hat, Gott dankbar sein soll. Ken sagt, er habe damals niemandem von dem toten Argentinier erzählt. »Ich fühlte mich um mein Gefühl betrogen.« Acht Jahre habe es gedauert, bevor er erstmals davon geredet habe.

Irgendwann wird Ken nach Argentinien fliegen, sein Buch ist übersetzt worden. Und einmal möchte er auch noch auf die Falklands. Er hat damals keine Pinguine gesehen. Außerdem war Winter. Eine miserable Zeit, vom Krieg ganz abgesehen.

Der Killer, dem nur der Verrat leid tut

Eamon Collins ist verantwortlich für den Tod von fünf, vielleicht auch 15 Menschen – heute steht er selbst auf der Abschußliste der Terroristen

Manchmal trifft man einen von diesen irischen Geschichtenerzählern, und wenn man Eamon Collins gewähren ließe, dann würde er nimmer aufhören. Nie würde er zu dem Punkt kommen, der hier und heute interessiert, nie zu dem, was ihn betrifft. Eamon Collins lebt mit seiner Frau, den Kindern und zwei Hunden am Rande von Newry, und eine Meile weiter südlich wäre man schon in der irischen Republik. Collins Erzählungen, wenn man ihn nur läßt, beginnen immer im vorigen Jahrhundert oder noch früher, handeln von der eigenen Familiengeschichte, die auch irische Geschichte ist.

Unsere liebste Story handelt davon, wie sein Großvater als Neunjähriger, an einen Großbauern ausgeliehen, regelmäßig von einem betrunkenen Knecht verprügelt wurde. Und wie er eines nachts dem Bezechten, der auf dem Boden schlief, Hosenbeine und Jackenärmel auf die Diele nagelte, um dem Schläger am Morgen weiszumachen, daß ihn nun im Suff der Schlag getroffen habe. Solcherart sind Collins' Geschichten, jedenfalls die der folkloristischen Art.

Wo Collins wohnt, auf der Anhöhe mit dem Blick auf die kleine Stadt Newry und ihre Kathedrale, ist republikanisch-nationalistisches Kernland, Irland auf britischem Boden. Da weht die irische Trikolore, Mauern sind mit überlebensgroßen IRA-Helden bemalt, ein Gedenkstein mit goldenen Lettern gilt den Märtyrern, die im Kampf gegen die britische Besatzung den Tod gefunden haben. So denkt hier jeder. Als Engländer läßt man sich besser nicht blicken. Für Protestanten ist die Gegend tabu. Die IRA, Waffenstillstand oder nicht, hat hier de facto Hoheitsrechte. Daß der Katholik und vormalige IRA-Mann Eamon Collins hier lebt, zeugt von Tapferkeit und Verrücktheit und Naivität, zu etwa gleichen Teilen.

Vier Kinder hat er, zwei kleine Mädchen und zwei etwas ältere Jungen. Er ist nun 43, hat ein Buch geschrieben, »Blinder Haß«. Jeden Tag trifft Collins im Vorübergehen auf Männer, von denen er weiß, daß sie bei der IRA sind, manche von ihnen hat er verraten. Und drunten in der Stadt mögen ihm wohl auch Menschen begegnen, die Angehörige verloren haben, und Collins war verantwortlich für ihren Tod. Eamon Collins ist ein kleiner Mann, der damit zu Rande kommen muß, daß sein großes Ego einmal von den Briten gebrochen wurde, Wäre das nicht passiert, dann wäre er noch heute in der IRA. Einige Menschen, fünf ganz bestimmt, es können aber auch 15 sein, würden noch leben, wenn Collins sich nicht in die IRA eingereiht hätte.

Für seine früheren Genossen – als einstiger Marxist gebraucht er noch das altmodische Wort – ist er der Verräter, der Informant, ein »supergrass«, was kaum zu übersetzen ist, worin nicht zu steigernde Verachtung mitschwingt. Aber vorher war Collins ein Killer im Dienste der IRA, ohne selbst je den Abzug zu drücken, ein Mörder, der anderen zeigte, wo die Bombe zu legen war. Wie jeder IRA-Mann hatte er seine eigenen, immer wiederkehrenden Gründe, die Briten zu hassen. Als junger Mensch, Student an Belfasts Queen's University, hatte ihm ein Soldat Ihrer Majestät ein Stück vom Schneidezahn rausgeschlagen: mit dem Lauf eines Karabiners, den er ihm auch noch gleich weit in den Rachen schob: »Ich puste dir das Gehirn aus der Birne, du irischer Hurensohn.« In der gewalttätigen Atmosphäre der siebziger Jahre wurde er Zeuge, wie die Soldaten, die er als Besatzer sah, seinen alten Vater mißhandelten. Und Collins mußte »God Save the Queen« singen, während ihm ein Brite mit dem Gewehrkolben den Takt auf den Rücken prügelte. Man mag Schwierigkeiten haben, das zu glauben, und auch, daß ein Soldat sein Gewehr einem am Boden Liegenden in den Anus rammt. Aber in Nordirland werden solche Geschichten nicht als unerhörte Einmaligkeiten, sondern als unerhörte Routine erzählt.

Als Collins nach marxistischen Abwegen an der Uni, die er zunächst ohne Abschluß verließ, schließlich zur IRA stieß, hatte er hinreichend Haß angehäuft. Den Ausschlag hatten die Hungerstreikenden in den Sonderlagern für Terroristen gegeben. Er glaubte, ein revolutionäres Potential in der IRA zu erkennen, eine Befreiungsarmee. Sich der IRA anzuschließen, war denkbar einfach, vielleicht einfacher, als sich beim Rekrutierungsbüro der »British Army« zu melden. Jeder kennt die Leute im Viertel, die dabei sind. Zudem traf es sich, daß Collins gerade als Beamter beim Zoll eingestellt worden war. Er hatte sich um den Job beworben, weil er sich endlich ein paar Bücher mehr leisten wollte. Er war ein Volltreffer für die Organisation.

Die Zollstation im Hafen von Warrenpoint, acht Meilen von Newry entfernt, war ein Traum-Angriffsziel für die IRA, und er, Collins, der neue IRA-Mann, saß mittendrin. Er trug die Uniform des Feindes, mit weißer Mütze und Streifen am Ärmel. In der Zollstation von Warrenpoint sollte er seinem ersten Opfer begegnen. Während Collins erzählt, wieseln die beiden Spaniels zwischen seinen Beinen herum. Er lockt sie mit einem Keks hinaus. Lacht viel, so ein fröhlicher Mensch.

Ivan Toombs, der Chef der Station, war in seinem zweiten Beruf Reserve-Major des »Ulster Defence Regiments«. Er war außer der Reihe befördert worden, nachdem er einen IRA-Anschlag überlebt hatte. Sie hatten auf ihn geschossen, Collins wußte, daß ein Cousin von ihm daran beteiligt gewesen war. Collins spricht mit großer Hochachtung von Toombs, besonders wie professionell der Major gewesen sei, Soldat, durch und durch. Kam immer einen anderen Weg zum Dienst, mal zu Fuß, mal mit dem Auto, mal allein, mal mit Kollegen, arbeitete drei Tage hintereinander oder nur einmal in der Woche, machte keinen Fehler. Nur, daß unter seinen Leuten ein Späher war, davor hätten ihn andere schützen müssen. »Nachdem die Sicherheit der Station mit einem

Aufwand von 200.000 Pfund verbessert worden war, sagte jemand: ›Hier kommt keiner rein.‹« Die kleine Sorcha, Collins' Tochter, hat Schwierigkeiten mit dem Rechnen. Mit großer Geduld lösen beide eine Aufgabe, 24 geteilt durch drei. Toombs hatte auch kleine Kinder.

Collins fand heraus, daß die Kinder zu Hause an die Tür gingen, deshalb kam es nicht in Frage, den Familienvater in der Wohnung zu erschießen. Toombs pflegte unters Auto zu schauen, deshalb keine Autobombe. Toombs machte keinen Fehler, bis auf einen: Der Major kochte einmal im Monat Tee für seine Mitarbeiter, briet ein paar Würstchen, an jedem Freitag vor ultimo und immer um elf. Die Killer kamen eine Minute nach elf. Collins, der in Urlaub gegangen war, hatte Papiere besorgt, wie sie Lastwagenfahrer vorzeigten. Die pflegten sie, Frachtpapiere mit lila Streifen, an der Tür lässig hochzuheben, dann wurde geöffnet. Die Killer wußten alles und kannten alles, Collins hatte sogar seine Kollegen am Arbeitsplatz für Photos posieren lassen.

Collins unterbricht seine Hausarbeit, hört auf Kartoffeln zu schälen, und macht vor, wie zwei IRA-Männer in das Office eindrangen, nimmt die breitbeinige Stellung eines Schützen ein, der beidhändig das Schießgerät vorstreckt. Der Major hatte keine Chance, nicht einmal als die Waffe klemmte. Da ist der zweite Mörder eingesprungen.

Aus Respekt für den Major – »Ich habe ihn sehr geschätzt, wir waren beide Soldaten« – ist Collins zu seiner Beerdigung gegangen. Es war die erste erfolgreiche Operation, und es sollten viele folgen, wiewohl Collins selber nie geschossen hat. An seinem Küchentisch haben sie gesessen oder in seinem kleinbürgerlichen Wohnzimmer, nach den Morden, für die Collins die Logistik besorgte. Er war der Planer und Pfadfinder, und anders als andere IRA-Aussteiger überkommt ihn das alte Gefühl des Stolzes über die eigene Effizienz. »Ich habe nie einen Mann verloren, ich habe nicht eine Waffe verloren«, sagt er, »ich habe weniger getan als manch anderer, aber mehr als die meisten.«

Ein paarmal war Collins festgenommen worden, ohne daß ihm etwas nachgewiesen werden konnte, aber dann, 1985, ist er im Verhör zusammengebrochen. Die Vernehmungsmethoden waren erniedrigend bis hin zur Unwürdigkeit. Collins sucht sich noch immer zu rechtfertigen, daß er nicht standgehalten hat. Es war wie Folter – andererseits weiß er auch, wie richtige Folter aussieht, wenn die IRA verhört und das Opfer am Ende erschossen wird.

Polizisten der »Royal Ulster Constabulary« haben ihn geknackt. Collins hat nach fünf Tagen Verhör alle und alles verraten, nie zuvor hatten die Sicherheitskräfte in Newry soviel gegen so viele in der Hand. Ein Dutzend Männer wurden festgenommen, sechs Morde wurden ihnen angelastet. Sie mußten alle wieder laufengelassen werden, weil Collins widerrief. Er selbst wurde nach zwei Jahren Untersuchungshaft freigesprochen, weil der Richter nicht sicher war, daß die Geständnisse rechtsstaatlich zustande gekommen waren.

Dieser Mann Collins, der seine Frau liebt und seine Kinder, hat neulich erstmals das Grab des Majors besucht, und was ihn am meisten bewegt habe, sagt er, war, daß Toombs nur 41 Jahre alt geworden ist. »Und hier bin ich, schon zwei Jahre älter.« Einer der jungen Hunde leckt der kleinen Eva das Gesicht, das mag sie besonders an ihm, und der Vater lacht. Dies ist eine chaotische, liebenswerte Familie in einem winzigen Haus in einer irischen Siedlung auf britischem Boden.

Beide Seiten haben ihn erniedrigt und beleidigt, und heute ist Collins ein Ausgestoßener im eigenen Land. Er hat einen Cousin, den er selbst für die IRA rekrutiert hat, dem er viele Morde zuschreibt. Allein fünf in seiner eigenen aktiven Zeit. Der werde einmal, sagt Collins über Niki, wenn Geschichte geschrieben werde, ein Held sein. Ist er in seiner Umgebung jetzt schon. Ein Junge von 15 ist zu Tode gekommen, weil er Niki (nicht sein richtiger Name), den Freiheitshelden, beeindrucken wollte. Die Handgranate war zu früh losgegangen.

Die IRA hatte Collins aus Newry verbannt. Er hatte die »besetzte Kriegszone«, wie die IRA das britische Nordirland nennt, zu verlassen. »All diesen *bullshit* kann ich nicht mehr hören.« Er hat eine Weile ohne Familie in Schottland gelebt. Aber irgendwann hat er sich entschlossen, nicht mehr zu rennen, keine Angst mehr zu haben. Wie das üblich ist bei manchen irischen Familien, bleibt nun seine Tür unverschlossen, jedenfalls die Hintertür, durch die sowieso jeder eintritt. Eines Tages könnte sein eigener Killer kommen, aber nun, während des Friedensprozesses, ist dies weniger wahrscheinlich. Er ist ein Mann voller Widersprüche, der manchmal noch Scham empfindet, über das, was er getan hat. Nicht über die Morde, sondern, »daß ich meine Genossen verraten habe.«

Damals, während seines Verfahrens vor Gericht in Belfast, das zwei Monate dauerte, hat er um sein Leben gekämpft, und er ist stolz darauf, daß er einen britischen Richter überzeugt hat. Gegen die geballte Macht der Sicherheitsorgane, gegen eine entschlossene Staatsanwaltschaft, die ihn lebenslang hinter Gitter bringen wollte. Vor der Urteilsverkündung, auf dem Weg durch den unterirdischen Tunnel zum Verhandlungssaal, hatte er sich geschworen: »Nie wieder Gewalt, wenn ich hier rauskomme.« Er wurde freigesprochen. Heute glaubt er, daß der Frieden eine Chance hat.

Wenn man mit Eamon Collins durch Newry geht, dann zeigt einem der kleine Mann mit der Schlägermütze und den schäbigen Trainingshosen all die Plätze, wo Soldaten und Polizisten ermordet wurden. Und sollte je einer seiner Söhne von »den Besatzern« so mißhandelt werden, wie es ihm widerfahren ist, er würde einen Soldaten mit bloßen Händen umbringen: »Da wäre mir alles so verdammt egal. Das mußt du doch verstehen.«

Eine Fahne kannst du nicht essen

Es ist auch das Verdienst unbeirrbarer Pazifisten wie John Hume, daß allmählich in Belfast und Derry ein normales Leben denkbar ist

Der Mann, der den Frieden brachte, hatte das seltene Privileg, auf beiden Seiten der unsichtbaren Front gleichermaßen verhaßt zu sein. Das zehrt mit den Jahren, und deshalb ist eine gewisse Nervosität, die mit Routine überspielt wird, durchaus verständlich. Ein Vierteljahrhundert lang hat John Hume mit der Macht der Gewaltlosigkeit darum gekämpft, den Mord und Totschlag, den miesen, unerklärten Bürgerkrieg in Nordirland zum Ende zu bringen. Dafür ist er beschimpft, manchmal verlacht, gelegentlich sogar verachtet worden. Sein Name stand auf den Todeslisten beider Seiten. (Nun, das fügen wir etliche Monate nach der Begegnung hinzu, ist er, im Dezember 1998, mit dem Friedensnobelpreis geehrt worden. Damit wurde ein Lebenswerk gewürdigt, das nicht darauf angelegt war, mit Ehre oder gar Geld belohnt zu werden, sondern nichts als die Selbstverständlichkeit des Zusammenlebens zum Ziel hat. Und sollte der nordirische Frieden von Dauer sein, wäre das auch John Hume zu verdanken.)

Der Mann aus Derry wirkt fahrig, leicht gehetzt. Wenn eine Kamera in der Nähe ist, kämmt er sich schnell und läßt die Zigarette verschwinden. Wenn sein Gegenüber nur mit einem Bleistift daherkommt, raucht er unbefriedigt weiter. Am Morgen hat er wieder einmal mit dem IRA-Apologeten Gerry Adams zusammengesessen, später am Nachmittag wird er nach Brüssel fliegen. Der Mann aus der Provinz pendelt rastlos zwischen Derry, oben im Norden Nordirlands, und Belfast, der Hauptstadt von Ulster, zwischen London, wo er seinen Wahlkreis Foyle im Unterhaus vertritt, Brüssel und Straßburg, wo er als Europa-Abgeordneter regelmäßig auf seinen alten Widersacher, den unversöhnlichen Protestanten Ian Paisley trifft. Zwischendurch treibt es ihn immer wieder über den Atlantik nach Boston, einer Art irischer Metropole außerhalb Irlands, und Washington, wo er hofiert wird wie kein anderer britischer Politiker.

Nun ja, ein britischer Politiker ist er nicht wirklich. Wäre er das, dann wäre er, nach dem Urteil des Economist, »längst im Kabinett oder Schattenminister, wenn nicht gar Anwärter auf die Parteiführung«. Statt dessen ist er, wie er selber sagt, »weder Mitglied einer Regierungspartei noch in der Opposition«, weil er doch durch und durch Ire ist und mit einem irischen Paß reist. Es gehört zu den Merkwürdigkeiten der irischen Teilung, daß irische Bürger in Britannien wählen und gewählt werden dürfen.

John Hume ist in Derry großgeworden, das von den Protestanten Londonderry genannt wird, weil sich hier einmal die Protestanten erfolgreich gegen die Belagerung der katholischen Truppen des Königs James II. behauptet haben. Anschließend hat die protestantische Minderheit von

Derry die Katholiken drei Jahrhunderte lang spüren lassen, wer Herr im Hause Ulster ist. Das Gemeindewahlrecht war, bis in die sechziger Jahre hinein, nach Hausbesitz definiert – wählen durfte, wer Grund und Boden hatte, und das waren mehrheitlich die Protestanten.

Wer aus Bogside kommt, dem katholischen Ghetto von Derry, der ist geprägt fürs Leben. John Hume pflegt seine proletarische Herkunft und ist stolz auf seinen Alten, der die meiste Zeit seines Lebens arbeitslos war. Aber die Leute kamen zu seinem Vater, um sich Briefe aufsetzen zu lassen, er war ein kluger Mann und politisch, ohne es zu wissen, ein Sozialdemokrat. »Da war eine Demonstration«, erinnert sich John Hume an seine erste politische Lektion, »und die Leute sangen und schwenkten Fahnen.« Man kann sich das gut vorstellen, die Iren lieben es, sich hinreißen zu lassen von ihrem eigenen Patriotismus und dem Haß auf alles, was britisch ist. »Und mein Vater sagte: ›Junge, laß dich nie darauf ein‹, und ich fragte: ›Warum nicht‹, und er sagte: ›Junge, eine Fahne kannst du nicht essen.‹«

Ohne Haß und Fahne ging John Hume seinen Weg. Seine Ausbildung verdankt er, der Ire, den britischen Schulreformen der Nachkriegszeit, die den unteren Klassen Chancengleichheit und den Begabten Stipendien brachten. Als ältester Sohn hätte er eigentlich Priester werden sollen, fühlte sich dann aber doch nicht berufen und wurde Lehrer. Nicht die alten nationalistischen Ideale brachten ihn schließlich in die Politik, sondern der Kampf für soziale Gerechtigkeit. In den Sechzigern gründete er mit Freunden einen Spar- und Darlehensverein und eine Häuser-Kooperative, aus Notwehr gegen die protestantische Übermacht.

Der Ausbruch der Troubles, wie die Unruhen später genannt wurden, hat ihn in die aktive Politik getrieben. Hume weist gelegentlich darauf hin, daß der erste erschossene Polizist ein Opfer protestantischer Terroristen war und daß der erste große Anschlag – Bombay Street in Belfast, 1969 – neun Katholiken das Leben gekostet hat. Belfast und Derry waren die Zentren der Auseinandersetzung, und John Hume sah seine Nachbarn in Bogside Barrikaden bauen, etliche von ihnen schlossen sich der IRA an. »Ich habe Ströme von Blut in Derry fließen sehen.« Seine Antwort aber war nicht Gewalt, sondern die Gründung einer neuen Partei, der Social Democratic und Labour Party (SDLP). Am Bloody Sunday, dem Blutigen Sonntag Ende Januar 1972, wurden in Bogside 13 Katholiken von britischen Fallschirmjägern erschossen. Sie hatten für bessere Wohnbedingungen demonstriert. »Ich brachte Leuten die Nachricht, daß ihre Verwandten umgekommen sind. Mein nächster Nachbar war darunter. Sie waren unschuldig.«

Für ein knappes Jahr war John Hume noch Minister in der letzten Regionalregierung, bevor Edward Heath das Belfaster Parlament auflöste. Die Protestanten unter Ian Paisley mit ihrem Widerstand gegen jede Demokratisierung hatten die Provinz unregierbar gemacht. Nach bitteren Jahren der Arbeitslosigkeit, ohne Mandat und vom

Einkommen seiner Frau lebend (was nicht einfach war bei fünf Kindern), bekam Hume einen Ruf nach Boston, um in Harvard über die Ursachen von Konflikten zu lehren. Seither hat er die Verbindung zu Boston, vor allem zu den Kennedys, gepflegt, und das sollte sich bezahlt machen. John Humes Einfluß in Washington verschaffte Gerry Adams, gegen den Widerstand von Downing Street, das erste Visum für die USA.

Die Terroristen in die Suche nach dem Frieden einzubinden, war die Voraussetzung für jeden Fortschritt. Hume hat wieder und wieder mit Adams geredet, aber selbst während dieses Prozesses wurde er von der IRA bedroht. Dann war da die Szene bei der Beerdigung eines ermordeten Katholiken. »Wir haben gerade Daddy begraben«, sagte eine junge Frau zu John Hume, »wir möchten, daß Sie wissen, daß wir an seinem Sarg für Sie gebetet haben, für das was Sie für den Frieden tun.« Die Fernsehkamera hat den Moment eingefangen, wie John Hume dankt, sich abwendet und in Tränen ausbricht.

Schließlich stand an den Mauern von Belfast die Aufforderung »Unterstützt die Adams-Hume-Initiative«, ohne daß man recht wußte, was sie bedeutete. Wieder war es Hume, der – über die Regierungen von Dublin und Washington – den britischen Premier von der Notwendigkeit einer gemeinsamen Position mit der irischen Regierung überzeugte. Das Ergebnis war die Downing-Street-Erklärung vom Dezember 1994, der Waffenstillstand der IRA und endlich auch der protestantischen Terroristen.

Ja, sagt er, er verstehe auch den irischen Patriotismus, der mit Gedichten, Liedern und Fahnen immer wieder längst vergangene Schlachten gewinnt. »Vom ›Sterben für Irland‹ zu lesen ist es aber nur ein Schritt zum ›Morden für Irland‹.« Die rückwärtsgewandten Patrioten dächten auch in Kategorien von Terroristen. »Das ist unser Land, sagen sie. Wir müssen aber erkennen«, sagt John Hume, und er sagt es immer wieder, »daß es Menschen sind, nicht das Territorium, die Rechte haben. Und wenn die Teilung erst in den Köpfen der Menschen ist, dann können die Menschen nur durch Verständigung zusammengeführt werden.« Die Protestanten, sagt er, werden sich damit abfinden müssen, daß sie Macht teilen müssen.

Als wir John Hume gegen Ende des Jahres in Belfast treffen, zeigt er den gewohnten Enthusiasmus, der aber von Mattheit überlagert ist. Grau wirkt er. Seine Gesundheit ist angeschlagen. »Ich brauche eine Pause.« In einem Haus in Donegal, in der Republik, will er sich erholen. Was für ein Jahr das war, in Straßburg, nach dem Waffenstillstand, hatten ihm die Euro-Parlamentarier eine standing ovation dargeboten. Die Sozialistische Fraktion nominierte den Iren für den Friedensnobelpreis, den er später bekommen sollte.

Und er wird nicht aufhören, die Protestanten herüberzuziehen. Ian Paisley wird sich nicht bis zum jüngsten Tag verschließen können. »Ian«, hat John Hume ihm gelegentlich gesagt (man nennt ja ins Ulster selbst den Gegner beim Vornamen), »Ian, wenn man das Wort ›no‹ aus dem englischen Wortschatz streichen würde, dann wären

Sie sprachlos.« Manchmal, sagt John Hume auch, ist es ihm zu mühsam, dem bulligen Pastor noch zuzuhören, der jeden Vorschlag immer nur auf Bedrohungen der eigenen Position überprüft.

Als John Hume die Nachricht ereilte, daß ihm (und dem Protestanten David Trimble) der Friedensnobelpreis 1998 zugesprochen worden sei, sprach er von seiner Dankbarkeit und davon, wie tief bewegt er sei, und daß er den Preis natürlich nur stellvertretend für die Menschen in Nordirland annehmen würde. Ein Journalist fragte, was er denn mit dem Geld anfangen würde. »Sind Sie ein Schotte?« fragte John Hume. »Ich habe an diese Frage noch gar nicht gedacht; ich weiß nicht einmal, wieviel Geld es ist.«

Inzwischen weiß er es, und wird schon einen guten Zweck gefunden haben.

Geschichten von Terror und armen Kaninchen

Gerry Adams, der politische Pate der IRA

Den breitschultrigen Typen, der immer ein weißes Pilotenhemd trägt, kennen wir schon, das ist einer, mit dem möchte man sich nicht anlegen. Er ist der Bodyguard, und wo sein Chef Gerry Adams auftaucht, bleibt er stumm an seiner Seite. Nun sitzt er stumm vor dem Computer, spielt bedächtig das Solitär-Spiel und läßt das Telephon vier-, fünfmal klingeln, bevor er abnimmt, »Sinn Fein« knurrt und wortlos weiterverbindet. Manchmal kommen rauhe tätowierte Menschen in Jeans und T-Shirts herein, stehen eine Weile herum, rauchen. Ein Radio plärrt. Dies ist ein besonders schäbiges Büro.

Doch anders als in Belfast, wo die Dependance festungshaft von Stacheldraht und Eisengittern umgeben ist, macht das Dubliner Hauptquartier der IRA-Partei Sinn Fein einen eher zivilen Eindruck. Als Gerry Adams aus seinem Meeting kommt, wirkt er sauber wie ein Bewährungshelfer unter Probanden. Er trägt Freizeit-Kluft, eher lässig als nachlässig, Leinenhosen und keine Jeans, ein properes Hemd, kein T-Shirt. Da ihm keine Fernsehkamera nahekommt, muß er nicht wie sonst im tadellosen Anzug auftreten. Seine irischen Freunde grüßen ihn mitunter, frotzelnd auf die Modemarke anspielend, mit »Tiocfaidh Armani«. Der patriotisch-irische Gruß heißt: »Tiocfaidh Ar La«, unser Tag wird kommen.

Von nahem gesehen ist der, der vielleicht der mächtige Pate ist, ein freundlicher Mann. Sich vorzustellen, daß er ein kaltblütiger Killer wäre, brauchte es die Phantasie intimer Feindschaft. Der *Irish-Times*-Journalist Kevin Myers verbreitet die Geschichte, die er 1973 angeblich selbst in einer Kneipe in der Belfaster IRA-Hochburg Andersontown erlebt hat: Auf dem Männerklo war es zu einem Kampf gekommen, und als jemand Gerry Adams davon berichtet, sagt der nur: »Erschieß ihn. Shoot him.« Gerry Adams besteht darauf, daß dies frei erfunden sei.

Gerard Adams ist jetzt Ende vierzig. Wenn er entspannt ist, hat er etwas Jungenhaftes, selbst seine Augen haben nicht diese abschätzige Kälte, die sie strahlen, wenn er öffentlich auftritt. Er ist verheiratet, sein Sohn ist der erste der Familie, der studiert. Er hat die Seinen immer herausgehalten, außer daß seine Frau auch aus einer patriotisch republikanischen Familie stammt, weiß man wenig über Colette. Er hat ihr seinen Antrag gemacht, als ihre Wohnung gerade unter Beschuß britischer Soldaten war. »Wenn wir hier heil rauskommen, heirate ich dich.«

In den katholischen Arbeitervierteln von Belfast wird »Gerry« verehrt, einer von ihnen, der in der Welt gehört wird. Und seit er, als ein vorübergehender Friede in Nordirland herrschte, sogar von Bill Clinton auf der Straße angesprochen wurde, hat sich die Wertschätzung noch gesteigert. Es kann gut sein und ist sogar wahrscheinlich, daß Gerry Adams Mitglied der IRA gewesen ist, und weil die mehr Orden als Armee ist, wäre er es noch immer. Aber er wird es erst eingestehen, wenn die Sinn-Fein-Geschichte geschrieben wird. Der britische Staat hat oft versucht, es ihm nachzuweisen, und einmal hat er ein paar Monate wegen des Verdachts der Mitgliedschaft in Untersuchungshaft gesessen, bis ein britischer Richter entschied, daß die Beweise unzureichend waren. Gleichwohl müssen die Briten fest überzeugt sein, daß Gerry Adams und seine engeren Genossen engste Kontakte zur IRA haben.

Unter Nordirland-Kennern ist es sozusagen gesicherte Erkenntnis, daß Gerry Adams es schon in den siebziger Jahren zum IRA-Bataillonskommandeur gebracht hat, bevor er von den Briten interniert wurde, und daß er auch danach eine führende Rolle im Untergrund gespielt hat. Damals, als er noch jung war, haben ihn die Briten freigelassen, damit er mit Ministern über einen Waffenstillstand reden konnte. Aber nur, sagt er, weil er »ein politischer Aktivist« war. Im Gespräch räumt er ein: »Ich habe niemals versucht, mich selbst von der IRA zu distanzieren, das wäre falsch und unehrlich.«

Zweimal ist der IRA-Sympathisant ins britische Unterhaus gewählt worden, ohne daß er je seinen Sitz eingenommen hätte. Daß ein republikanischer Ire sich auf die Königin vereidigen ließe, wäre unvorstellbar. (Abgesehen davon hat schließlich Sinn Fein auch die irische Republik nie anerkannt, sie ist – solange sie nicht mit den sechs nordirischen Grafschaften von Ulster vereinigt ist – für die Nationalisten nicht mehr als ein Teilstaat.) An diesem Donnerstag hatte er eigentlich, auf Einladung eines linken Labour-Abgeordneten, sein neues Buch in einem Konferenzraum im Unterhaus vorstellen wollen. Aber das hat die Parlamentsverwaltung schnell unterbunden. So will er es in Dublin präsentieren.

Als seine Profession gibt Gerry Adams »politischer Aktivist« an, und weil das kein richtiger Beruf ist, bezeichnet er sich auch gern als Schriftsteller. »Before the Dawn«, das Buch das zeitgleich in Deutschland erscheint (»Bevor der Tag beginnt«), ist kein großes literarisches Werk, wie der Autor zugibt. Zudem erzählt es nicht die ganze Wahrheit, weil es für die, solange der Kampf anhält, noch zu früh ist. Doch gewinnt man schon einen Eindruck von einem Leben in Belfast und dem Kampf gegen die Briten.

Und von einer Kindheit in Ballymurphy, einem katholischen Kleine-Leute-Viertel von Belfast, wo Gerry Adams aufgewachsen ist. Da ist von den Kinderstreichen die Rede, den Spielen am Fluß und von erster Verwirrung. Wie der Knabe auf einem Schul-Formular seine Nationalität eintragen soll, wo er sich doch sicher ist, nichts anderes als irisch zu sein, aber die Obrigkeit ihn als »britisch« sieht. Oder wie er als junger Mensch mit einem Freund auf die Jagd ging und wie sehr ihn das Gewehr faszinierte. Ganz wild war er darauf zu schießen, aber als dann das Kaninchen getroffen war, »dann hörte ich es quieksen. ›Jesus, Maria und Josef!‹, entfuhr es mir. Das Quieksen wurde zu einem jämmerlichen Winseln.« Es sei das erste und einzige Mal gewesen, daß er geschossen habe, sagt Gerry Adams heute, »nach dieser Erfahrung waren alle Kaninchen vor mir sicher.« Auf die Frage, ob er danach wieder eine Waffe in der Hand gehabt habe, antwortet er mit einem glatten »Nein«. Er hätte das Kaninchen vielleicht vergessen, aber dieses Winseln sei ihm gegenwärtig geblieben, zumal er es später noch einmal bei einem angeschossenen Kind hörte. »Als ich das Kind schreien hörte, mußte ich wieder an das Kaninchen denken, das ich Jahre zuvor oben in Glenavy erschossen hatte.«

Mit einem literarischen Trick wird in seinem jüngsten Buch das IRA-Element eingeführt. Zwischen die Schilderungen über all die britischen Ungerechtigkeiten hat er ein Kapitel Kursivgedrucktes gefügt, eine Kurzgeschichte. Gerry Adams stellt sich vor, wie es wäre, einen britischen Soldaten im Visier zu haben und zu erschießen. »Es mochte richtig sein oder nicht, aber manchmal war es notwendig zu töten.« Er schaut einem aber ganz ruhig ins Gesicht, wenn er sagt, daß dies wirklich »reine Fiktion« sei. Journalisten neigten ja dazu, Freudsche Signale in Texte hinein zu interpretieren, wir sollten aber seinen doch beim Nennwert nehmen, »reine Fiktion«.

In seinem Denken – also auch in der Autobiographie – sind die Briten immer die Schurken. »Sie sind die Aggressoren«, sagt er, und: »Dies ist unser Land.« Einmal, als er einen Artikel über die

Gegend schrieb, in der er aufgewachsen ist, hat er ausgerechnet, daß in Ballymurphy auf einer Quadratmeile hundert Menschen in dem Konflikt zu Tode und tausend ins Gefängnis gekommen sind. Gar nicht die gezählt, die nur vorübergehend verhaftet wurden oder die verletzt worden sind. Und viele waren Jugendfreunde von Gerry Adams. Da ist die Erinnerung an ein Zeltlager mit zwanzig Jungen, von denen inzwischen viele tot sind. »Einer der Campteilnehmer«, klagt der Autor Adams mit entwaffnender Naivität, »wurde später, achtzehnjährig, in der Lower Falls von einem Scharfschützen der britischen Armee erschossen. Jimmy überquerte gerade bewaffnet ein Dach, als die Briten auf ihn feuerten.« Aber am traurigsten ist Gerry Adams, wenn er sich dabei erwischt, daß er einen umgekommenen Freund vergessen hat. Sie sollen wenigstens erinnert werden, das ist das Recht, das den IRA-Kämpfern niemand nehmen darf.

Gerry Adams ist täglich gefährdet, wie all die Veteranen beider Seiten hat er manchen Anschlag überlebt. Es gibt Narben, alte Schußwunden, die bei Wetterumschwung schmerzen. Er reist in gepanzerten Autos, schläft selten zwei Nächte unter demselben Dach. »Ich will das nicht dramatisieren, und es ist in gewisser Weise gar nicht so schlecht«, sagt er, weil es doch zeigt, wie nahe ihm die Menschen in seiner Gegend sind. »Allein kann ich gar nicht überleben.« Es braucht die Gemeinschaft, ohne sie wäre seine Ehe längst gescheitert, der Sohn längst abgehauen.

»Es wird schwer, und es wird gefährlich«, sagt

Gerry Adams, »aber wir bewegen uns auf einen Frieden zu.«

Der Mann, der mit der Bombe lebt

Über die Schwierigkeiten, in Belfast den Busverkehr zu organisieren

Der Oberst lachte gleich, als er den Namen des Deutschen hörte, den wir sehen wollten in Belfast. Der Oberst war Befehlshaber der britischen Truppen um Belfast herum, er hatte viel gesehen und war kaum zu beeindrucken, aber in sein Lachen über den Deutschen mischte sich etwas wie Hochachtung, wenn schon nicht Zuneigung. Ja, sagte der Oberst, dieser verrückte Deutsche könnte durchaus Ehrenmitglied seiner militärischen Formation sein. »Aber er muß verdammt aufpassen«, sagte der Oberst, »die letzte Bombe war für ihn bestimmt, die war persönlich gemeint.«

Man hat oft gefragt in diesen Jahren der *troubles*, wie und ob es möglich ist, sich in einer Stadt wie Belfast, in einer Provinz wie Ulster so etwas wie Normalität zu bewahren. Normales Leben, was ist das schon, wo das Umfeld so gewalttätig sein kann. Daß es vorstellbar ist, dafür steht ein Mann wie Werner Heubeck. Der Franke mit dem britischen Paß organisiert seit mehr als zwei Jahrzehnten den öffentlichen Busverkehr in Nordirland – eine Tätigkeit, bei der Verwaltungskenntnisse weniger gefragt sind als gute Nerven und gesunder Menschenverstand. Die jüngste Episode, auf die der Oberst anspielte, liegt gerade zwei Wochen zurück. Mitten im Zentrum von Belfast hatte der Fahrer eines der rotweißen Busse ein verdächtiges Paket unter einem Sitz entdeckt. Er ließ die Fahrgäste aussteigen, niemand wundert sich in Belfast über solch plötzliche Aufforderung, und rief den Chef zur Hilfe.

Werner Heubeck schaute sich das Objekt an, ein Korb mit einem Henkel. Der Sprengstoff unter dem Papier hätte für ein paar Tote immer ausgereicht. Mit einem Handgriff entschärfte der Chef den Zeitzünder, der an eine 30-Minuten-Uhr gekoppelt war, viel Zeit wäre nicht mehr geblieben. Dann trug er das Bombenpaket aus dem Bus, legte es behutsam auf dem Straßenpflaster ab, einem Polizisten vor die Füße. Die Leute, wartend in sicherem Abstand, klatschten Beifall, und Werner Heubeck bat den Polizisten, das Bombenräumkommando zu benachrichtigen. Wider Erwarten sei die Bombe echt gewesen.

Er kann die Bomben nicht mehr zählen, die er auf diese Weise unschädlich gemacht hat. Oft sind es zum Glück nur Attrappen gewesen. Er hat, wo immer es ging, längere Unterbrechungen im Fahrbetrieb vermieden; denn wenn erst einmal die Spezialisten der Armee eingeschaltet sind, dann dauert es meist Stunden, weil die Militärs ganz auf Nummer Sicher gehen. »Die können doch keine Fundsache von einem Sprengstoffpaket unterscheiden.«

Eigentlich hatte er damals nur ein paar Jahre bleiben wollen, aber als dann die Unruhen begannen, ist er nicht weggegangen. Da ist er altmodisch deutsch, pflichtbewußt und etwas sentimental. Denn daß er blieb, das war auch ein Teil Dankbarkeit gegenüber dem Gastland, das ihm, dem vormaligen Kriegsgefangenen, schon früh Chancen geboten hatte. Werner Heubeck hatte in den späten vierziger Jahren eine Engländerin geheiratet, und ihr wollte er seinerzeit nicht zumuten, in Deutschland zu leben. Wo sonst, fragte er sich, wäre es möglich gewesen, ohne Abitur und ohne Studium, dazu noch als Ausländer, Chef von 3.000 Angestellten und Herr über 1.200 Busse zu werden. »Ich kann mir jedenfalls nicht vorstellen, daß ein Ire den städtischen Fuhrpark von Nürnberg leitet.« Die Fehler, sagt der Deutsche, werden von Leuten gemacht, die ihre Entscheidungen am Schreibtisch treffen, »sie sind einfach nicht volksnah.« Im übrigen sei sein Motto: »Niemals zu früh eingreifen und nie zu lange warten.«

Volksnah hat er immer sein wollen und ist in Belfast tatsächlich populär geworden. Seine Busse sind in all den Jahren nie unter Polizeischutz oder mit Armeebegleitung gefahren. Das bedeutete, daß sie zu manchen Zeiten in Gegenden verkehrten, wo die Ordnungskräfte nur noch mit Hubschraubern einschwebten. Auch hat der Chef darauf verzichtet, seine Fahrer zu bewaffnen und mit Funkgeräten auszustatten. In die Busse werden nach seiner Erfahrung die Jungen aus den IRA-beherrschten Gebieten geschickt, »und die sind so nervös, daß ihnen die Hände zittern.« Trügen die Fahrer Pistolen, wäre die Gefahr noch größer.

Zudem hat der Chef stets darauf bestanden,

daß jeder Fahrer jede Tour zu fahren hat. Schließlich seien sie keine Milchmänner oder Zeitungsboten, die sich auf einen Bezirk beschränken könnten. Die Busse fahren durch alle Viertel. Kein Katholik, der eine protestantische Gegend meiden könnte, kein Protestant, der nicht ins Katholische müßte. Und sie haben nie eine Gefahrenzulage bekommen, da hat der Franke eine preußische Dienstauffassung. »Ihr seid Omnibusfahrer, dafür werdet ihr bezahlt.« Wenn die Busse vorübergehend mal nicht fahren konnten, dann hat er sich hinterher für die erste Fuhre selbst ans Steuer gesetzt, um mit gutem Beispiel voranzufahren. Einmal, nachdem ein Fahrer von der IRA erschossen worden war, ließ er den Betrieb vorübergehend einstellen. Hohe Militärs baten daraufhin den Busmanager zu sich, rieten dringend, den Verkehr wiederaufzunehmen. Er nehme keine Befehle entgegen, sagte Werner Heubeck zum Oberst, wenn sie so einen suchten, müßten sie einen anderen finden.

Sein Ansehen, sowohl bei den Behörden als auch bei Armee und Polizei, bei Katholiken und Protestanten gleichermaßen – führt der korrekte Deutsche auf seine strikte Neutralität zurück. Und von der IRA ließ er sich schon gar nicht in die Knie zwingen. Er wird selbst von den Terroristen akzeptiert und hat gelegentlich schon Stillhalteabkommen mit der IRA geschlossen. Als er zum ersten Mal nach verschlungenen Wegen eine IRA-Runde in einem »sicheren Haus« traf, ließ er sich von einem Geistlichen begleiten. Nicht nur, daß der ihm bestätigen sollte, daß er die richtigen

Leute vor sich hatte, er hatte den Pfarrer auch mitgenommen, »um gleich eine gewisse moralische Überlegenheit herzustellen.«

Am Steuer eines Busses, darauf ist der Chef fast stolz, sind nur wenige seiner Fahrer erschossen worden, wenig mehr als zehn, »das ist nicht viel«. Der letzte Fall liegt schon Jahre zurück. Und daß im Lauf der *troubles* über tausend Fahrzeuge verloren gingen, das ist noch am ehesten zu verschmerzen. Manchmal hat er sogar Köder ausgelegt, hat einen alten vergammelten Bus abstellen lassen, damit die IRA ihr Feuerwerk veranstalten konnte. Auf diese Weise hat er dann neuere Fahrzeuge geschont.

Nächstes Jahr wird Werner Heubeck pensioniert. Man wollte ihn überreden, ein Jahr länger zu bleiben, aber mit 65 soll Schluß sein. Er wird nicht nach Deutschland zurückkehren. Wenn er an die alte Heimat denkt, an Nürnberg vor allem, dann ist das reine Nostalgie. Er sammelt Tonbänder mit volkstümlichen Weisen aus Deutschlands Süden. Er wird sich ein Haus bauen mit einer großen Werkstatt. Bei Handarbeit hatte er immer Entspannung gefunden, und wenn es nur beim Stricken war. Nun will er Uhren basteln. Er hat da eine Quelle für billige Quarzuhrwerke. Darum herum schnitzt oder drechselt er deutsch anmutende Uhrengehäuse. Das seien sehr schöne Geschenke.

Er hat sich entschlossen, den Kindern nicht zur Last zu fallen. Nachdem er seine Frau wegen der Sicherheit nach Schottland geschickt hatte, war die Ehe auseinandergegangen. Das ist schon lange her. »Man muß sich für den Beruf oder für die Familie entscheiden.« Hätte er sich für die Familie entschieden, wäre er nun nicht einsam.

Arthurs Farm oder der Preis des Fortschritts

Der sanfte Prophet von Shropshire

Arthur hat ihn noch nie gesehen. Wenn doch der Mr. Müller nur mal mit ihm reden würde, denkt Arthur, wenn er ihm alles in Ruhe erklären könnte, dann würde er bestimmt sehen, wie wichtig seine Sache ist. Nicht um seiner selbst willen, schließlich ist er kein närrischer Greis, »auch wenn das vielleicht mancher denkt«, sondern für alle. Für dieses Stück Land, für die kleine Stadt Market Drayton oben in Shropshire, für die Nation, vielleicht sogar für die ganze Welt. Denkt Arthur. Manchmal fürchtet er, daß ihn die Leute nicht ernst nehmen, weil er schon ein alter Mann ist mit seinen 78 Jahren. Ihm bleiben nicht mehr so viele Sommer, aber wenn seine Tage vorbei sein werden, wird sich mancher freuen, ihn gekannt zu haben. Denn selten trifft man einen, der, wenn schon nicht mit dieser Welt, so doch mit seiner Erde in freundschaftlicher Harmonie gelebt hat. Man kann sich kaum vorstellen, daß es im Vereinigten Königreich einen Menschen gibt, der mit solcher Hingabe das Stückchen Land liebt, das schon sein Vater bestellt hat und dessen Vater und immer so weiter, Generationen zurück, drei, vielleicht vier Jahrhunderte. Dabei gehöre es ihnen nie, auch Arthur Hollins ist nur Pächter dieser bescheidenen

85 Morgen, der Weiden, auf denen er Rinder und Schafe hält. Ebensowenig gehört ihm das kleine Farmhaus, in dem die Familie immer gelebt hat und das schon kein Neubau mehr war, als Heinrich III. dem Bauernstädtchen Market Drayton 1245 sein Siegel darauf gab, jeden Mittwoch einen Markt abhalten zu dürfen.

Auf den ersten Blick ist Arthur Hollins auf seiner Farm Fordhall so ein englischer Exzentriker, einer von diesen liebenswürdigen Spinnern. Erst nach einer Weile wird man gewahr, daß er zwar gelegentlich wie ein Prophet auftritt – ein Prophet, dessen Zeit begrenzt ist –, daß er aber gleichwohl ein durch und durch vernünftiger Mensch ist. Vor allem ist der Bauer Arthur Hollins ein erdverbundener Mann.

Er genießt es, den Boden mit seinen Händen zu fühlen. Wenn man mit ihm über die Wiesen stapft, läßt er sich, um seine Botschaft zu verdeutlichen, plötzlich auf die Knie fallen, beugt sich vornüber, preßt mit zwei Fingern ein bißchen Erde heraus. Dann vermittelt er eine geradezu begeisterte Andacht. Ganz behutsam, um ihn nicht zu verletzen, legt er einen Wurm frei. Und er demonstriert, wie dünn die Erdschicht ist, daß gleich darunter unfruchtbarer Sand kommt. Oder er zeigt, was vor sich geht unter einem halbgetrockneten Kuhfladen. »Da sind sie alle, sieh mal!« ruft er dann wohl, wie wenn er alte Freunde begrüßt. Was sie denn auch sind, all die Würmer und Insekten. Arthur ist sicher leicht esoterisch. Einmal ist er die ganze Nacht auf der Weide geblieben, um mit dem Thermometer nachzumessen, wie sich ein frischgefallener Kuhfladen verändert, wie sich bei 70 Grad Fahrenheit eine Kruste bildet, unter deren Schutz Insekten und sonstiges Getier tätig werden. »Alles meine Freunde«, sagt Arthur, selbst die, die man gar nicht sieht, die Milliarden Kleinstkreaturen, »meine Freunde, die Bakterien«. So wie er von seinen Freunden, den Maulwürfen spricht. Seinem Freund, dem Fuchs hingegen ist Arthur gram: Daß der Fuchs eine Henne gestohlen hat, ist irgendwie Schuld des Menschen, sie hätten sie nicht so früh rauslassen sollen. Aber daß er sich jetzt an den Lämmern vergreift, wird ihm zum Verhängnis werden.

Nun ist Arthur in der Tat kein beliebiger Bauer mit spökenkiekerhaften Phantasien. Der kleine, drahtige Mensch mit der markanten Nase und den weißen strapsigen Haaren ist beinahe eine nationale Institution. Sein Anwesen – kaum mehr als das, was man in England *small holding* nennt – ist eine von zwei, drei wirklich berühmten organischen Farmen auf den Britischen Inseln. Ein Menschenleben hat der alte Arthur damit verbracht, die Qualität seines Weidelandes zu verbessern. Während aber, wie überall in Europa, auch die irischen Landwirte über steigende Kosten und sinkende Einnahmen klagen, kommt Arthur mit einem Minimum an Investitionen aus. Der einzige Traktor auf dem Hof ist ein Oldtimer, vor drei Jahrzehnten zugelassen.

Jemand hat ein Theaterstück über Arthur verfaßt, das gelegentlich noch in der Provinz aufgeführt wird, und seine Autobiographie mit dem griffigen Titel »Der Bauer, der Pflug und der Teufel« ist in zweiter Auflage vergriffen. Seine Theorie, aller Schollenromantik zum Trotz, läuft nämlich darauf hinaus, daß der Pflug der Ursprung allen Übels ist, ein Werkzeug des Teufels. Wenn der Pflug die Erde aufreißt, sagt Arthur, werden Mikroben myriadenfach dem Sonnenlicht ausgesetzt und vernichtet. »Genauso wie jeder Wurm in der Sonne zugrunde geht«, sagt Arthur, indem er einen Wurm ganz vorsichtig der Erde zurückgibt.

Arthur ist kein armer Mann, nicht mal im materiellen Sinne. Aber er hat einen Großteil des Geldes, das er über die Jahre erwirtschaftet hat, in seine Erfindung gesteckt, eine Maschine, die das Feld beackert, ohne den Boden aufzureißen. Er führt den Besucher in die Scheune, und da steht, unscheinbar, der Prototyp: ein flaches Gerät auf Rädern, von dem sein Konstrukteur sagt, daß es sich um einen »revolutionären Apparat« zur Bodenbearbeitung handle. Die Erde wird nicht wie mit einem Pflug tief aufgerissen, statt dessen wird sie, eine Handbreit unter der Oberfläche, angehoben, während gleichzeitig das Saatgut druntergestreut wird. Arthurs kleine Freunde werden nicht vom Licht behelligt.

Seit Jahrzehnten nun schon sind seine Weiden nicht mehr gedüngt worden, dabei sind dies, als er den Hof übernahm, armselige, versumpfte Wiesen gewesen. »So miserabel«, sagt Arthur, »daß es meinen Vater umgebracht hat.« Mit 37 ist der gestorben, da hat Arthur, gerade 14, die Schule verlassen müssen. Erst hatte ihm und seiner

Mutter noch ein Onkel mit Rat assistiert, doch seit Arthur zirka 16 war, hat er den Hof geführt, allein mit Old Jim, dem Knecht, der schon mit seinem Vater und Großvater arbeitete.

In den vergangenen 30 Jahren hat Arthur ein System entwickelt, wonach seine Kühe in einem Dreijahresturnus zu jeder Jahreszeit auf den drei Weideflächen grasen, ohne daß er Futter hinzukaufte. Er hat über die Jahre mit allen möglichen Gräsern experimentiert, hat sich nur auf natürlichen Dung verlassen und hat am Ende das fast schon wertlose Land in fruchtbare Weiden verwandelt. Seine Rinder, vielerlei Rassen, gehen alle an denselben Metzger, der sie mit Erfolg als organisch gewachsenes Fleisch verkauft. Sicher, Arthur nutzt sein Land nicht so intensiv wie seine konventionellen Kollegen, hat auf gleicher Fläche weniger Viecher, dafür sind seine Ausgaben viel geringer: »Kunstdünger will bezahlt sein, und wenn du Heu verfütterst, mußt du schon mal tausend Pfund für den Winter rechnen.« So verdient die chemische Industrie praktisch nichts an ihm, außer daß, ironischerweise, sein Pachtherr ein Direktor des Chemiegiganten ICI ist, und nur in ganz strengen Wintern hat er ab und an etwas Heu gebraucht.

Das hügelige Land, durch das ein kleiner Fluß, der River Tom, mäandert, ist von jener Art, die man sich erträumt, wenn man sich weit weg sein Bilderbuch-England vorstellt. Lange vor unserer Zeit haben Menschen hier das Land bestellt. Archäologen haben einen Hügel als ein künstlich angelegtes Relikt aus der Steinzeit ausgemacht. An einer Stelle haben Bauern schon im 9. Jahrhundert gesiedelt. Zum Fluß hin fällt ein Halbrund ab in die Niederung – wie ein Amphitheater. In dem winzigen Wald auf dem Hügel, mit einer Quelle auf halber Höhe und am Fuße einen Teich, den Arthur angelegt hat und der nun Mittelpunkt eines kleines Biotops ist, haust eine Familie von Dachsen. Unten am kleinen Fluß hatte noch gerade ein Otter sein Revier. Dies wäre eine Idylle, könnte es sein, wenn da nicht der mächtige Nachbar wäre – ein Deutscher namens Müller.

Theobald Müller, einer der erfolgreichsten bayrischen Unternehmer, hat, nachdem er daheim in Aretsried die vom Vater übernommene Molkerei zum Großbetrieb hochgewirtschaftet hat, auch den englischen Markt entdeckt und ist vom North Shropshire Council mehr hofiert als nur freundlich empfangen worden. Am Stadtrand von Market Drayton, strategisch hervorragend zwischen den Milchgebieten von Shropshire und Cheshire gelegen, stieg er gleich ganz groß ein. Daß die Produktionsstätte, die er im neu ausgewiesenen Industriegebiet gebaut hat, sich nicht gerade in die Landschaft einschmiegt, sondern »eher wie die Londoner Docklands aussieht« (so empfand es ein Besucher von *Guardian*), ist nicht weiter verwunderlich. Es ist eben eine Agrarfabrik, und Theobald Müller kein Landschaftsarchitekt, sondern Joghurtverkäufer. Arbeitsplätze hat er der Gemeinde gebracht und Geld. Längst ist der clevere Deutsche auch britischer Marktführer für die besseren Joghurtprodukte. Die kennt in England jedes Kind. Arthurs Kinder natürlich auch. (Er hat eine Tochter und einen Sohn mit seiner fast vierzig Jahre jüngeren Frau, die erste Mrs. Hollins kam bei einem Unfall ums Leben). Arthur selbst schätzt Müllers Milchprodukte. Seine Frau hat gerade »Müller-rice« gekauft, den mögen die Kinder am liebsten. Und von Joghurt versteht Arthur möglicherweise genausoviel wie der Theo Müller aus Aretsried. Schließlich war es Arthur, der den Briten als erster, schon vor vierzig Jahren, Joghurt schmackhaft gemacht hat. Damals hatten die Hollins auf ihrer Farm selbst eine kleine Fabrik eingerichtet, die freilich kaum größer war als heutzutage das Pförtnerhaus, in dem Müllers Wachleute jeden Besucher überprüfen. Immerhin ist Arthur damals, ein Pionier in Gesundheitskost, sehr erfolgreich gewesen. »Sie haben uns als schrullig abgetan«, erinnert er sich, »aber wir haben Joghurt überhaupt erst populär gemacht.« Bis zu Harrods in London wurden seine Produkte vertrieben, und zu seinen besten Zeiten wurden auf Fordhall jährlich vier Millionen Joghurtbecher gefüllt – lachhaft, verglichen mit Müller-Milch. Die Produktion der hypermodernen Fabrik beläuft sich auf Hunderte von Millionen Portionen. Und nun will Müller sein Gelände auch noch ausweiten. Eine Fabrik zur Verarbeitung von frischen Früchten soll auf Arthurs Land gebaut werden.

Die Ratsmitglieder im Distriktparlament von North Shropshire sind ganz versessen darauf, Industrie anzusiedeln, und Theobald Müller bringt

Dutzende von Arbeitsplätzen. Zunächst wollten sie schon den traditionellen Viehmarkt vom Zentrum der alten Stadt an den Stadtrand verlegen, aber das ist wegen des Protests der Bürger noch einmal abgewendet worden. Mit dem Deutschen aber ist das etwas anderes. Arthur Hollins Argument, daß die Fabrikanlage auch zur anderen Seite hin ausgeweitet werden könnte, hat den Rat nicht überzeugt. Daß nun ein bißchen Weideland zubetoniert wird, ist halt der Preis des Fortschritts. Schon versumpfen die Wiesen unterhalb der Fabrik, und da ist eine merkwürdig rote Färbung. Daß gelegentlich Abwässer nicht richtig entsorgt wurden, führte man auf »Anlaufschwierigkeiten« zurück, und Müllers Betrieb wurde zu einer Geldbuße verurteilt. Das schwäbische Aretsried ist auch nicht schöner geworden, dafür hat der Herr Müller ein wenig Wohlstand gebracht, den sich die Lokalpolitiker in Market Drayton nun auch erhoffen.

Der alte Arthur aber denkt, wenn der Mr. Müller doch nur mal mit ihm reden würde. Sagt dem denn keiner, daß er gar nichts gegen ihn hat, im Gegenteil. Sie könnten einander sogar von Nutzen sein. Er hat da noch ein paar alte Rezepte für Joghurt und Käseprodukte, die selbst einem Giganten wie Mr. Müller zusätzlichen Profit bringen könnten. Aber wenn der seine Fabrik zur falschen Seite hin erweitert, dann wird wertvolles Land zubetoniert, und der alte Zustand läßt sich nie wieder herstellen. Noch mal zwanzig Jahre, um seine Farm neu zu organisieren, all die Hecken neu zu pflanzen, wieder Boden langwierig zu kultivieren, dazu wird die Zeit nicht reichen. »Jenseits der siebzig fängst du an, die Jahre zu zählen.« Ach, Arthur. Er ist ein kleiner Mensch, doch ein großer Mann.

Beim Turme des Propheten

Die Leuchtturmwärter gehen an Land

Wo das Land schon zu Ende ist, steht der Leuchtturm. Der steht schon immer da, seit einem Vierteljahrtausend, und vorher war da ein anderer. Dies ist der südlichste Punkt Englands, die Pforte zum Kanal zwischen der Insel und dem Kontinent. Ganz unten in Cornwall, noch südlicher als Land's End, liegt die Halbinsel The Lizard, und die Heimatforscher sind sich nicht einig, ob der Name Eidechse bedeutet, was mit etwas Phantasie der Form der Halbinsel entspräche, oder ob es die Abschleifung eines bretonischen Namens ist, weil in lange vergessenen Zeiten ein reger Austausch mit der Bretagne gepflegt wurde. So genau weiß Eddie das auch nicht.

So einen wie Eddie muß man kennen, mit dem wird es nie langweilig. Eigentlich heißt er Michael Matthews, aber sein Vater hieß Eddie, war Fischer und Hafenmeister, und Eddie der Jüngere hatte sich vor 42 Jahren für den Posten eines Leuchtturmwärters beworben. Nun ist er der letzte im Lizard Lighthouse. Der südlichste Leuchtturm von England wird automatisiert. Wenn die Computer in Dienst gestellt werden, wird Eddie seine Ruhe haben. Man muß das so behäbig erzählen, für den Leuchtturmwärter verbietet sich die Aufgeregtheit dieser Welt.

Sie waren einmal eine kleine Bruderschaft von

Männern, die des Nachts das Licht für die Seefahrer am Leuchten hielten oder, wenn Nebel war, mit ihrem Nebelhorn die Schiffe vor den Klippen und Felsen an den Küsten warnten. Das 20. Jahrhundert ist ihr letztes gewesen, für sie geht es vorzeitig zu Ende. Und Eddie hätte der allerletzte Leuchtturmwärter sein können, weil er der Dienstälteste ist. Er überläßt aber die Ehre seinem Kollegen Gerry Douglas-Sherwood in North-Foreland in Kent. Dafür darf Eddie bleiben, wenn die Computer die Menschen ersetzt haben. Er hat sein letztes aktives Ostern auf dem Leuchtturm von Lizard hinter sich, Pfingsten wird er dort nur noch Museumswärter sein.

Obwohl Trinity House, die Eignergesellschaft, seit 15 Jahren keine Bewerbungen mehr akzeptiert hat, meldeten sich noch immer Anwärter für den einsamen Job, der aber so einsam schon seit langem nicht mehr war. Anders als damals, als Eddie noch ein Teenager war. Da wurde man als erstes auf einen Turm irgendwo in der See geschickt, wo man als Anwärter zwei Monate mit zwei älteren Kollegen zubrachte. Nach zwei Wochen spätestens wußtest du, ob du für den Job geeignet warst. Entweder es gefiel dir, oder du drehtest durch. Wenn die Orkane des Winters vom Atlantik herantoben mit 170 oder 180 Stundenkilometern, dann ist es unheimlich auf dem Turm, dann kann man es schon mit der Angst kriegen. »Bei einem richtigen Sturm fühlst du die Elemente. Ein Höllenlärm ist das, ein Inferno mit immer anderen Geräuschen. Dann ist dir klar, warum die Menschen Angst haben im Dunkeln.« Wenn Eddie erzählt, schimmert Wehmut durch.

Als er anfing, haben sie ihn auf Wolf Rock stationiert, der liegt vor Land's End, und auf Bishop Rock vor den Scilly Inseln ist er gewesen, einsame Türme in der See, wo man zwei Monate blieb und dann einen Monat frei hatte. Man wurde mit dem Ruderboot übergesetzt, später mit einem Motorboot, in den letzten Jahren mit dem Hubschrauber. Um von den anderen akzeptiert zu werden und für's eigene Überleben, lernte man als erstes Kochen; Eddie war Spezialist im Brotbacken. Den Lauf der Zeit teilt Eddie seither ein in die Fortschritte der Fleischzubereitung. Erst hatte man zwei Tage Frischfleisch, der Rest wurde gekocht und in Essig eingelegt, dann gab es die ersten Kühlschränke, paraffinbetrieben, da hielt es sieben Tage, aber nachdem auch Leuchttürme mit Tiefkühlgeräten ausgestattet wurden, war der alte Zauber dahin.

»Weißt du, warum immer drei Wärter auf einem Turm sind?« Eddie erzählt die Geschichte, wie einer von zweien auf einem dieser einsamen Türme im Wasser gestorben ist und wie der Übriggebliebene sechs Wochen lang mit der Leiche lebte. Er hatte sie im Freien festgebunden, er mußte beweisen, daß er den Kollegen nicht umgebracht hatte. Das sind so die Schoten, die Eddie erzählt, wenn er in Fahrt kommt. »Der hatte danach schlohweißes Haar und ist nie wieder auf einen Leuchtturm gestiegen.« Eddie ist nun auch längst grauhaarig, seine Augen aber lachen noch. Und er erzählt gern, wenn der Tag lang ist, von Schmugglern und Strandräubern, und wie die Menschen auf Lizard sich gewehrt haben gegen die Errichtung des Leuchtturms, wie sie nachts Leuchtfeuer angezündet haben, die sie nach sechs Stunden versetzten, um die Schiffe auf die Klippen zu locken. »Wann das war? Oh, wir sprechen vom 18. Jahrhundert, also noch gar nicht so lange her.« Ein Leuchtturmwärter hat seine eigene Zeitrechnung.

Dem Fortschritt, oder was die Herren mit den weißen Kragen dafür halten, wird die Romantik geopfert. Eddie hat diesen Punkt 49 Grad 57 Minuten nördlicher Breite und 5 Grad 12 Minuten westlicher Länge zu seinem Theater erklärt. Wir stehen da oben, achtzig Fuß über der See, und wenn dies dein Wohnzimmer wäre, sagt Eddie, du würdest nie mehr hinausgehen. Es ändert sich die ganze Zeit und immer wieder, und bei gutem Wetter ist der Horizont 29 Meilen weit weg. Alle Schiffe dieser Welt ziehen hier vorbei, kein größerer Pott, der nicht wenigstens einmal in seinem Arbeitsleben den Lizard passiert hätte.

Hier ist, als Eddies Vater geboren wurde, die Titantic vorbeigedampft, ein einziges und letztes Mal Richtung Atlantik. Und wenn Krieg ist, wie 1982, als die Royal Navy nach den Falklands aufbrach, dann ist dies das letzte Stück England, das sie sehen, und es ist das erste, das sie begrüßt, wenn sie heimkehren. Erst in den letzten Jahren haben die Männer auf den Leuchttürmen aufgehört, nach Kriegsschiffen auszuschauen. In ihren Wachstuben hängen die alten Plakate mit den Silhouetten sowjetischer Fregatten und U-Boote. Es gab eine bestimmte Telephonnummer, die angerufen werden sollte, wenn was gesichtet wurde. Die Welt ist friedlicher geworden, und die Plakate sind nun so überflüssig wie die Männer, die sie aus Nostalgie bewahrt haben.

In Lizard lebt noch eine ältere Frau, deren Vater einer von Eddies Vorgängern war und der noch eine andere Feindbegegnung gegenwärtig ist. Der deutsche Botschafter Joachim von Ribbentrop ist nämlich einmal zu Besuch gewesen. »Ich erinnere mich, daß mein Vater erzählte, wie höflich der gewesen ist und wie interessiert. Er ließ sich alles zeigen und fragte eine Menge.« Sie weiß noch, daß der deutsche Herr ihrem Vater ein Trinkgeld von zehn Schilling gab, was viel war in jenen Tagen. Vielleicht hat er spioniert. Andererseits ist während des ganzen Weltkriegs nur auf einen einzigen britischen Leuchtturm, oben vor Northumberland, eine Bombe der Luftwaffe gefallen, und das war vermutlich ein Versehen. Es war auf beiden Seiten nicht opportun, sie zu zerstören. Sie waren gute Orientierungspunkte, nicht nur für Schiffe im Frieden, auch für die Flieger in Kriegszeiten.

Für Eddie ist der Krieg kein Thema, bei dem er sich lange aufhielte. Da redet er lieber über Fußball und simpelt darüber, daß die Engländer diesmal eine gute WM-Chance haben. Er hat ja in seiner Jugend auch Fußball gespielt, deshalb hätte damals niemand geglaubt, daß er es lange auf einem Leuchtturm aushielte. Doch gibt es kein besseres Leben, und du hast stets frische Luft. Du bist dein eigener Boß, verdienst nicht die Welt, aber hast sie für dich. Sagt Eddie.

Wenn Eddie seinen freien Monat hat, geht er in die Kneipe im Ort, und da ist er als pausenloser Erzähler gefürchtet. Wenn er unter Menschen ist, muß er allen alles mitteilen, was er sonst nur sich selbst erzählt. Auf dem Leuchtturm ist er allein, aber nicht einsam. Ein Leuchtturmwärter muß die eigene Gesellschaft ertragen, das ist wichtiger als jede Kochkunst. Wo immer drei beeinander stehen, hat Eddie gelernt, zieht einer eine Schau ab. »Es gibt aber nur einen Menschen auf der Erde, den du nicht belügen kannst, das bist du selber. Du weißt selbst verdammt gut, wenn du lügst.«

Eddie kennt alle und jeden, die auf den Britischen Inseln diesen einsamen Dienst schieben, und bei zwei Kollegen ist er ziemlich sicher, daß sie glücklich verheiratet sind. Er selbst gehört nicht dazu, aber sein Freund Gerry Douglas-Sherwood. Der hat vor 35 Jahren geheiratet, hat davon nicht einmal die Hälfte der Zeit mit seiner Frau zusammengelebt. »Das hält die Dinge frisch«, sagt Gerry, was Eddie nicht bestätigen kann. Seine Ehe ist vor langer Zeit gescheitert, sie war der große Fehler seines Lebens. Er wird ihn nicht wiederholen.

Die letzten Leuchtturmwärter sind inzwischen ältere Herren, und rauh sind sie nimmermehr. Damals auf Wolf Rock im Atlantik, wo geradeaus nur noch Amerika kam, da war alles anders. Da wusch man sich in der Plastikschüssel, die übrigen sanitären Einrichtungen bestanden aus einem Eimer, doch heute ist das Leben auf den Türmen in der Brandung eine verklärte Erinnerung. Eddie kannte sie alle. Der letzte, Les Hanois vor Guernsey, ist vor zwei Jahren automatisiert worden. Auf Eddistone ist er gewesen, vor allem aber auch auf Longstone vor Northumbria, wo Grace Darling gelebt hat, gewissermaßen die Schutzheilige der einsamen Männer. In einer Septembernacht war Grace, die Tochter des William, mit einem Nachen auf die stürmische See hinausgerudert, um neun Matrosen aus dem Wrack der Forfarshire zu bergen. Eine kleine Tafel in Graces Zimmer im Turm erinnert an die Heroin, und wenn in einer wilden Nacht der Sturm von Nordost braust, dann erinnern sich die Männer des Mädchens. Denn nach ihren und Eddies Maßstäben liegt auch das Jahr 1838 noch nicht lange zurück.

»Also ich bin kein religiöser Mensch, aber wenn du an einem dieser Plätze gewesen bist, dann dämmert es dir, daß da noch etwas ist, da muß noch etwas sein. Wenn du siehst, wie die Natur mit dir umspringt.« Der alte Eddie hat seine eigene, in langen Nächten erfahrene Philosophie, die mit den Jahren schlichter geworden ist. »Also ich sage immer: Wenn die Reihe an dir ist, dann ist die Reihe an dir. Nicht, daß ich Angst hätte, ganz und gar nicht, aber es bringt dich zum Nachdenken. Wenn wir nun ans Eingemachte gehen, es fällt mir schwer, es zu beschreiben, ja, vielleicht bete ich dann auch.« Eddie ist nicht der Typ, der sich zu lange mit Grübeleien aufhielte.

Wenn er sein Gerät vorführt, oben im Turm die Lampe mit ihren Spiegeln und Linsen, Vorrichtungen, die hundert Jahre alt sind, und nie wurde etwas ausgetauscht, außer den Glühbirnen natürlich, dann zeigt Eddie den Stolz des Veteranen, dem alles Neue suspekt ist. Es ist nicht die Birne, die die Leistung bringt, 400 Watt sind nichts Großartiges, es sind die Linsen und Spiegel, die das Licht bündeln und den Lichtkegel 25 Meilen aufs Meer hinausschleudern. Draußen auf der See wird der Strahl als Blitz wahrgenommen, eine Zehntelsekunde im Drei-Sekunden-Takt, dann weiß der Seefahrer, daß er am Lizard ist, weil jeder Leuchtturm seine eigene Frequenz hat. Diesen Service haben die Reedereien bezahlt, aber ihre großen Schiffe brauchen schon lange keine Leuchttürme mehr. Es sind nur noch die Kleinen, die Fischerboote und Segeljachten, die sich am Strahl des Lizard orientieren, und die zahlen nicht.

In den Gewässern vor der Halbinsel Lizard ruhen Dutzende von Wracks. In der Dorfkneipe sitzt man auf Bänken der Hamburger Wandsbek, die an einem ruhigen Maitag Anfang des Jahrhunderts auf Grund gelaufen und dann auseinandergebrochen war. Das älteste bekannte Wrack, vermutlich ein Holländer, ist im 17. Jahrhundert niedergegangen, und noch heute holen Taucher Münzen aus der Tiefe, die den Kopf eines spanischen Philipp tragen. Im Ort erzählt man sich, daß vor hundert Jahren ein Schiff aus einem fernen Land gestrandet ist, dessen Männer sich nach ihrer Rettung mit den Mädchen von Lizard zusammentaten. Seither, so geht die Folklore, liegt der Anteil der Menschen über der Sechs-Fuß-Größe weit über dem Durchschnitt. Solche Geschichten kann Eddie erzählen.

Oder die, wie sie einmal eine Frau gerettet haben: Da habe er den jungen Leuchtturmwärterlehrling nach der Wache abgelöst, und der erzählt ihm von dieser Frau, die habe so fröhlich gewinkt, die Frau auf der Luftmatratze, und da habe er zurückgewunken. Eddie konnte gerade noch rechtzeitig den Rettungshubschrauber alarmieren, der sie aus dem Meer fischte. 24 Stunden sei sie hilflos getrieben, die arme Kreatur.

Bald, im Sommer, wird wieder die verrückte Jahreszeit beginnen, *silly season,* wie sie das an der Küste nennen. Dann werden wieder Jachten hilflos herumtreiben, und vielleicht wird wer sterben, weil ein Augenpaar weniger aufs Meer hinausschaut. »Sie nehmen die Augen weg, wir sind doch die Augen«, sagt Eddie, »wir sind die ersten, die sehen, wenn was passiert.« Eines Tages werde es ein Unglück geben, denn der Computer sieht doch nichts, der schaut nicht hinaus aufs Meer. Ein höllisches Desaster werde es geben, sagt Eddie mit der Autorität eines Propheten, dann würden die, die verantwortlich sind, sich besinnen. »Welches Preisschild hast du für ein Menschenleben?« Wenn man doch auf ihn hören würde.

Der Prinz der Herzen

Ist der Wunderknabe der Sozialdemokratie schon entzaubert?

Ein bißchen gibt er sich wie ein Präsident. Anders als andere vor ihm ist Tony Blair kein großer Parlamentarier, weil ihm die Wähler, die ihn in ein paar Jahren wiederwählen sollen, wichtiger sind als die mäkelnden konservativen Damen und Herren im Unterhaus oder die eigenen Labour-Hinterbänkler – wo es gerade von den letzteren so viele gibt, daß der einzelne kaum zählt. In seinen 15 Monaten als Regierungschef hat der Premier ganze zehn Stunden an der »Dispatch Box« gestanden, dem Rednerpult, das ihn von seinem Widerpart auf der Oppositionsbank trennt. Allerdings hat er, meist schriftlich, mehr als tausend Fragen von Abgeordneten beantwortet. Die Marge aber, nach der alte Parlamentarier die Hochachtung vorm Hohen Hause messen, verfehlt Tony Blair: Keine zwei Dutzend Mal hat dieser Premier die Zeit gefunden, mit den Abgeordneten in die Abstimmungslobby zu gehen, 350mal ist votiert worden, ohne daß er mitgestimmt hätte.

Nun waren erst mal Ferien. Die Touristen hatten die Stadt übernommen, und als es selbst in London ziemlich warm war, blieb Zeit für den Premier, dort auszuruhen, wo es noch heißer ist. Die Familie hatte eine Maschine der Königin bestiegen, man hat ja keine »Airforce One« wie der Freund aus Washington. Man möchte aber eine haben, und demnächst soll für den Premier ein eigenes Fluggerät angeschafft werden. Zuvor hatte Tony Blair noch im Rosengarten von Number Ten, Downing Street, eine kleine Rede zum Abschluß der Saison gehalten. Die optische Parallele zu einem Clinton-Auftritt auf dem Rasen vor dem Weißen Haus war gewollt.

1997 zur Sommerszeit waren die Blairs zu Gast gewesen bei seinem alten Freund Geoffrey Robinson. Das ist der, den Blair zum Minister mit dem grandiosen Titel eines Generalzahlmeisters gemacht hat. Der soll dafür sorgen, daß die Steuern der Reichen effizient eingetrieben werden, daß niemand sein Geld in Steuerparadiesen versteckt. Weil aber der Generalzahlmeister, der millionenschwere reichste Mann in der Regierungsmannschaft, selbst in den Verdacht geraten war, gerade dieses mit einigen seiner eigenen Millionen gemacht zu haben, wollten die Blairs in diesem Jahr davon absehen, Robinsons Gastfreundschaft in seiner Villa in der Toskana anzunehmen. Statt dessen, fast wie es einem Präsidenten geziemte, kamen sie ein paar Kilometer entfernt in der Land-Villa eines Edelmanns unter, Fürst Girolamo Strozzi, sehr alter italienischer Adel. Fürst und Familie hatten sich für kurze Zeit in einen Seitentrakt, die vormaligen Stallungen, zurückgezogen.

Selbst die Phototermine der Blairs haben inzwischen etwas Präsidentiales. Einer der wenigen Ausflüge ins Halböffentliche führte den Premier zu jenem Haus bei Florenz, in dem Macchiavelli den Klassiker »Der Fürst« schrieb. Und wenn die Familie auswärts speiste, dann nur sehr fein. Das Restaurant »La Collegiata«, das so selektiv mit seinen Gästen ist, daß es nicht mal im Telephonbuch steht, hatte noch einen Meisterkoch aus Florenz hinzugebeten, um den Gourmet aus London zufriedenzustellen. Das ist derselbe, der sich den Wählern gern als einer darstellt, der nichts Schöneres kennt als einen Fernsehabend mit den Kindern, Pizza und Pommes.

Aber man will nicht mäkeln. Dieser Premier ist auch nach Jahr und Tag der populärste, den das Königreich seit Generationen gesehen hat. Er gibt noch immer den Strahlenden, besonders auf den Urlaubsphotos. Wenn man genau hinschaut, wenn man Bilder vor den Wahlen mit Nahaufnahmen aus diesen Tagen vergleicht, dann sieht man, daß er mehr gealtert ist, als es der abgelaufenen Zeit entspricht. Lord Snowdon müßte ihn mal wieder ablichten, der macht aus jedem einen jugendlichen Helden. Wer auf der Pressetribüne im Unterhaus auf Tony Blair hinabgeschaut hat, ahnt den Preis des Amtes. Ihm gehen die Haare aus, und bald werden sie grau sein.

Im alten Macho-Sinne mag es wohl sein, daß der erste Lack ab ist, aber Blair steht erst am Anfang einer wahrscheinlich sehr langen Amtszeit, und natürlich bleibt die Vision von einem Britannien als dem »besten Platz für ein erfülltes Leben, vom besten Platz, Kinder aufzuziehen, vom besten Platz, um alt zu werden« immer Utopie. Das war ein Versprechen, das sich nie erfüllen läßt. Es hat sogar Skandale gegeben wie um den Generalzahlmeister, aber das waren Peanuts im Vergleich zu dem, was das Land von den Tories gewöhnt gewesen ist.

Politisch hatte Blair seine Mannschaft aufgefordert, »das Undenkbare zu denken«, um einen Wohlfahrtsstaat zu schaffen, der bezahlbar ist. Der Denker der Partei aber, der Staatsminister Frank Fields, ist freiwillig auf die Hinterbänke zurückgekehrt, weil das Undenkbare am Ende für Blair und die Seinen nicht akzeptabel war. Trotzdem hat Blair im Prinzip wenig falsch gemacht, was man nicht von all seinen Ministern sagen kann.

Er hat sich von dem einen oder anderen getrennt, vor allem aber hat er jene befördert, auf deren Loyalität er bauen kann. Im übrigen schwebt er über allen. Wie für einen Präsident suchen seine *spin doctors* die öffentlichen Auftritte aus, bereiten sie vor, steuern den Staatsmann. Wahrscheinlich polieren sie auch an seinen Pointen, bevor er sie zum besten gibt, an seiner Sprache überhaupt. Tony Blair ist ein linguistisches Chamäleon.

Seine konservativen Vorgänger John Major, Margaret Thatcher und der Senior, der noch immer im Unterhaus sitzt, Edward Heath, kamen allesamt aus kleinen oder kleinbürgerlichen Verhältnissen. Sie hatten sich alle spätestens als Premiers eine Sprache angeeignet, die dem traditionellen »Queen's English« nahekam. Edward Heath, als ältester Abgeordneter, redet wenig (stimmt dafür aber öfter ab) und pflegt den geradezu arroganten Upper-Class-Akzent.

Blair, besonders wenn er in populären Fernsehsendungen auftritt, spricht wie Erwachsene glauben, bei der Jugend gut anzukommen. Da gibt es kein »yes« mehr sondern nur noch ein »ya« oder, wenn er zu Kids redet, das lässige »yeah«. (Für modische Amerikanismen wie »kids« ist Blair besonders empfänglich.) Die vorgetäuschte Lässigkeit in Sprache und Ausdruck mag daran liegen, daß er als Kind aus gutem Hause in einem exklusiven Internat erzogen wurde und daß der Akzent nicht mehr Blairs Zeitgeist entspricht. Er ist der erste Public-School-Boy in Number Ten seit 33 Jahren. Soziale Aufsteiger pflegen den Sprachton ihrer Herkunft hinter sich zu lassen, wer aber ohnehin zu den Privilegierten gehört – Oxford und danach Anwalt mit einer erfolgreichen Anwältin verheiratet – möchte sich vielleicht an Volkes Stimme orientieren.

»I'm a pretty straight sort of guy«, sagt so einer, wenn er volkstümlich sein möchte, im Fernsehen, »ich bin'n echt ehrlicher Typ.« Blairs Vater, der sich aus kleinen Anfängen mit Fleiß und Begabung zur gutbürgerlichen *middle class* hochgearbeitet hat, war noch ziemlich lange ein überzeugter Tory. Erst als Tony an die Spitze der Labour Party rückte, ist Vater Leo der Partei des Sohnes beigetreten – und konnte die alten Überzeugungen behalten. Bei »New Labour« haben auch alte Konservative ihren Platz, was der frühere Tory-Abgeordnete Peter Temple Morris bestätigen kann, der endgültig die Fronten wechselte. Leo Blair hatte seinen Jura-Doktor gemacht, hatte als Barrister praktiziert, wäre selber fast Tory-Abgeordneter geworden. Was wäre wohl aus seinem Sohn geworden, wenn ein Schlaganfall seine politische Karriere nicht vor der Zeit beendet hätte? Er schickte seinen Jungen auf eine der angesehenen Privatschulen, Fettes im schottischen Edinburgh, die aber trotzdem außerordentlich englisch ist. So fehlt Tony Blair, was deutsche Sozialdemokraten einst Stallgeruch nannten. Der ist bei Labour nicht mehr von Vorteil.

Blair ist umgeben von einer Maschinerie, wie sie die Partei, aber auch Downing Street nicht gesehen hat. Doch wenn es wirklich auf das politische Gespür ankommt, dann findet Blair den richtigen Ton. Dann warten die Menschen darauf, daß ihnen einer sagt, was sie selber denken. Der Morgen nach Dianas Tod: Keiner, der den jungen Premier damals auf dem Fernsehschirm gesehen hat, konnte sich seiner Wirkung entziehen. Da war er auf eine Weise ernst, die, wenn sie gespielt war, genial genannt werden muß. Und die Worte waren es auch, egal ob sie ein *spin doctor* ausgedacht hat oder nicht: »Sie war«, sagte der Premier über Diana, und die Pause reichte für einen halben Atemzug, »die Prinzessin des Volkes.« Diana zu Lebzeiten stand für Verschwendung und Luxus, aber nun wurde sie zu einer Mutter Teresa der Armani-Generation verklärt – und etwas Verklärung fiel dabei auf Tony Blair.

Wenn Politik auch die Frage des richtigen Tons ist, dann gilt das besonders für Nordirland. Keiner ist – bei allen guten Intentionen von Heath bis Major – so weit gekommen wie Blair. Nach der Bombe von Omagh hatte er seinen Urlaub unterbrochen, war nach Belfast geeilt. Nicht an den Ort des Anschlags, einen melodramatischen Auftritt meidend. Da fand er wieder den richtigen Ton. Da verteidigt er den Frieden und die Friedenspolitik der anglo-irischen Mehrheit. Da hat er seine Schwierigkeit eher, wenn er nicht redet, sondern Bertie Ahern, seinem irischen Gegenüber, zuhört. Da sucht er sein eigenes Gesicht, das die Nuance der Tragik noch nicht gefunden hat.

Tony Blair ist besonders glaubwürdig in den Bereichen, die niemanden etwas angehen. Als Christ geht er eher in eine katholische Messe als in den anglikanischen Gottesdienst. Keiner wird überrascht sein, wenn er eines Tages konvertiert. Für seine Kinder will er immer noch ein bißchen mehr als das Beste. Seine Frau Cherie ist, so weit sich das beurteilen läßt, die dominierende Figur in der Familie. Es hat andere Premiers gegeben, selbst in jüngerer Geschichte, die im Umgang mit Frauen und Ehefrauen unglücklich waren, oder umgekehrt. Tony Blair mag Verständnis haben für menschliche Schwächen, doch wer als Minister außereheliche Beziehungen pflegt, wird nicht mehr lange Minister sein.

Solche Versuchungen, auch Affären nach Clinton-Lewinsky-Muster oder Heimlichkeiten, wie sie französischen Politikern nachgesagt werden, sind jenseits der Welt dieses Premiers. »Sollte je herauskommen, daß Tony Blair Prostituierte in Soho besucht hat«, wurde der PR-Guru Max Clifford neulich gefragt, »wie würden Sie den Schaden limitieren?« Er würde, so Clifford, ein paar von den Mädchen zu der Aussage bewegen, wie

Tony Blair ihnen den Weg gewiesen habe, ihrem Los zu entkommen und daß da Hoffnung sei, selbst für sie. Es gab einmal einen, den großen William Gladstone, der gefallene Mädchen, wie seine Zeit sie nannte, nach Downing Street holte, um sie zu bekehren. Aber das war Ende des vorigen Jahrhunderts, zum Ende unseres Jahrhunderts ist solche Exzentrik nicht vorstellbar. Nur einem wie Tony Blair würde man das noch abnehmen.

Ein Nachwort oder:
Ein Spiel, zwei Kneipen und 25 Jahre Haß

Von der Einsamkeit des Auslandskorrespondenten

Manchmal ist es ein einsames Leben, manchmal ist der Reporter ganz allein. Dann spricht unsereins mit der Leserin, stellt sich vor, was sie denn interessieren könnte, an diesem Ort, weit weg von Deutschland sowieso. Ein paar hunderttausend Menschen werden anderntags gelesen haben, was uns ein- und aufgefallen ist, aber niemand wird sich dafür interessieren, wie eine Geschichte entstanden ist.

Sie werden den ersten Absatz lesen, und wenn er gelungen ist, werden sie weiterlesen und gefangen sein, und danach werden sie weiterblättern, doch wenn es eine gute Geschichte war, dann werden sie sich noch eine Weile daran erinnern. Ob Jakarta brennt oder ob Paris von einem Streik erstickt wird oder ob in Belfast eine Bombe hochgegangen ist, meine Leserin ist nicht überrascht, wenn sie tags darauf eine Geschichte liest, die über das hinausgeht, was sie vielleicht im Fernsehen schon gesehen hat. In ihrem Kopf verschmelzen die Bilder, die meist nur Minuten über den Bildschirm gegangen sind, mit denen, die der Auslandskorrespondent empfunden und wiedergegeben hat.

Eigentlich habe ich ja drei Leser. Lotte ist die älteste, und ihr Enkel, der natürlich Benjamin heißt, ist gerade 21 geworden. Da aber auch Monica, Tochter der einen und Mutter des anderen, selten gravierende Einwände hat, kann aufs Ganze gesehen meine Arbeit nicht ganz falsch gewesen sein. Über die Jahre haben wir einander besser kennengelernt, und neuerdings hat Benjamin seine Neigungen mehr den hinteren Seiten zugewendet: der Wirtschaft, seit er seine Banklehre begonnen hat, und dem Sport, weil er selber ein sportlicher Typ ist. Bei seltenen Besuchen in München habe ich die drei gesehen, und manchmal lassen sie es mich wissen, wenn ihrem Korrespondenten etwas gelungen ist.

Die guten Stories in der Zeitung, vor allem aber die klassische Seite-Drei-Geschichte, haben immer etwas Leichtes, manchmal etwas Spielerisches, auch wenn sie unter widrigen Umständen zustande gekommen sind. Es mag nervenaufreibend gewesen sein, sie zu recherchieren, selbst das Schreiben mag unter widrigen Umständen vollzogen worden sein, vom Zeitdruck gar nicht zu reden. Was aber keinen Leser etwas angeht, ist die Anstrengung des Autors. Deshalb gehören die Korrespondenten zu jener beneideten Gruppe von Journalisten, die von Ressortchefs und Chefredakteuren und Verlegern zu den Verwöhnten innerhalb der Branche gezählt werden. Sogar denen, die selbst einmal draußen waren, verschwimmt das Bild im Lauf der Zeit.

Für sie scheint es so zu sein, als sei der Auslandskorrespondent immerzu auf einer Pressekonferenz. Oder als sei er auf Reisen und wie so oft nicht greifbar. Neuerdings, seit der Einführung des mobilen Telephons, müßte man theoretisch immer erreichbar sein, aber ein paar Altmodische entziehen sich der Stets-Erreichbarkeit, haben ihr Handy öfter mal abgestellt, denn da, wo sie sich herumtreiben, beeindruckt man niemanden mit einem solchen Gerät. Im Gegenteil.

Zum Beispiel in der Kneipe, oder, in meinem Fall, im Pub. Das gängige Urteil sieht den Korrespondenten zwar immerzu auf Empfängen, wo er mit Diplomaten und anderen Müßiggängern kleines Geschwätz austauscht. Richtig ist hingegen, daß der Korrespondent öfter im Gasthaus ist als beim Botschafter. Wo sonst, wenn man an einen Ort verschlagen ist, wo man keinen kennt, könnte man möglichst ungezwungen Einheimische treffen? Nun ja, Einheimische schon, aber ungezwungen – von wegen.

Man tritt durch die Tür auf, ein halbes Dutzend Augenpaare fixieren einen, und man ist sofort als Fremder erkannt. Trotzdem führt, zum Beispiel in Belfast, der erste Weg immer in die »Berlin Arms« auf der protestantischen Shankill Road oder in eine dieser noch schäbigeren Trinkstätten im katholischen Falls-Viertel. Man denkt, man kennte den einen oder anderen, weil der eine oder andere immer da sitzt; man spürt die Stimmung in der Stadt, spürt, wie gespannt die Situation ist oder auch wie friedlich.

Im Hotel ist es scheinbar immer friedlich. In Belfast ist es für gewöhnlich das »Europa Hotel«, und es ist schon eine ganze Weile her, daß hier eine Bombe hochgegangen ist, aber man denkt noch immer gelegentlich daran, daß es in der Reporter-Welt als das »most bombed hotel in the world« gilt, was wahrscheinlich nur eine geringe Übertreibung ist. Das Management hat irgendwann aufgehört zu zählen, aber die Schätzung der Veteranen besagt, daß es ungefähr 37 Anschläge im Laufe des Nordirland-Konflikts gewesen sein könnten.

Um bei der Kneipe zu bleiben: Manchmal können selbst Wirtshausszenen Gegenstand politischer Berichterstattung sein. Ich erinnere mich an das Fußballspiel Irland (Republik) gegen Nordirland (britischer Teil), das ich am Fernseher in Kneipen verfolgt habe. Die erste Halbzeit in einer katholischen, die zweite in einer protestantischen Kneipe, während das reale Spiel eine Meile entfernt im Stadion ausgetragen wurde. Das war noch, bevor der Friedensprozeß eingesetzt hatte, und die Atmosphäre in Belfast war gereizt wie so oft seit einem Vierteljahrhundert. Da erlebte man den Haß auf die jeweils anderen vor dem Bildschirm. Und es war eine der Gelegenheiten, wo es wieder einmal hilfreich war, als Korrespondent einen deutschen Akzent zu haben. Belfast ist eines jener Spannungsgebiete (gewesen hoffentlich, und nun ist es vorbei), wo es sehr hilft, sofort als Fremder erkannt zu werden.

Andererseits ist man ja immer Ausländer. Bisweilen denke ich noch an den Mann der jugoslawischen Putzfrau, der in meinem damaligen Düsseldorfer Korrespondentenbüro seiner Frau beim Putzen half. Ich sehe ihn noch, wie er am letzten Abend auf meinem Stuhl an meinem Schreibtisch saß, wie er mich einen Moment lächelnd anschaute und wie er sagte: »Ab jetzt bist du auch Ausländer, immer.« Recht hat er gehabt.

Der Korrespondent in London, Paris oder Jakarta ist von Beruf Ausländer. Nach ein paar Jahren merkt man bei seltener werdenden Besuchen in Deutschland, daß man fremdelt in der Heimat und daß man in der Fremde auch nicht heimisch wird. Dann denkt man wohl daran weitertzuziehen, und es gibt ein paar Kollegen, Veteranen im Geschäft, die alle paar Jahre ihren Berichtsbereich wechseln. Sie gehören zu den Bewunderten in der Branche, weil sie an so unterschiedlichen Orten wie Moskau und Teheran und Paris tiefe Einblicke in ganz verschiedene soziale Gegebenheiten gewonnen haben. Andere hält es fest in einem Land, weil niemand je ihre Kundigkeit erreichen wird: Wer traut es sich schon zu, Japanisch zu lernen?

Es muß Zeiten gegeben haben, da pflegten die Korrespondenten in ihren Ländern Umgang mit den Mächtigen, aber das ist lange her. Heute interessieren sich die Mächtigen nicht mehr für das, was unsereins über sie schreiben mag. In demokratischen Ländern noch weniger als anderswo, weil ihnen vor allem daran gelegen ist, wiedergewählt zu werden – und in München haben sie keine Wähler, die sie beeindrucken wollten. Das gibt dem Korrespondenten hinreichend Unabhängigkeit, weil er seinerseits selten die beeindrucken kann, über die er schreibt, selbst wenn er es wollte.

Stattdessen versuchen wir den Lesern zu

Hause ein Bild zu vermitteln vom Leben des Gastlandes. Und wenn dazu, wie im Falle London, auch die ständige Berichterstattung über ein Königshaus gehört, so sei es. Neulich konnte man lesen, daß demnächst die königliche Garden Party im Fernsehen übertragen werden würde. Damit aber würde die Aufgabe des Auslandskorrespondenten keineswegs geschmälert. Die Banalität und den Zauber kann nur einer beschreiben, der dabeigewesen ist. So gut wie die Zeitung kann Fernsehen gar nicht sein.

Nachsatz

Die hier vorgelegten Berichte sind in den vergangenen zehn Jahren in der *Süddeutschen Zeitung* erschienen. Sie sind für den Tag geschrieben, doch ist es gute Tradition der Zeitung, ihren Korrespondenten so viel Spielraum zu lassen, daß auch Texte jenseits der Aktualität möglich werden. Der Autor dankt den Kollegen der Seite Drei, deren Anteil an den Geschichten größer ist, als der Leser ahnen kann. Verbliebene Schwächen gehen zu Lasten des Verfassers.

Lesend reisen mit den Picus Lesereisen

Gerd Kröncke
Adel verpflichtet zu gar nichts
Londoner Audienzen

Es gibt viele Arten, sich den unbekannten Gesichtern einer Stadt zu nähern. Der Selbstversuch, 24 Stunden ohne Geld, Ausweise und Uhr London zu durchwandern, zeigt die Stadt jedenfalls von einer Seite, die kaum ein Tourist freiwillig kennenlernen wird. Gerd Kröncke, Korrespondent der »Süddeutschen Zeitung« in London, stöbert in seinen Streifzügen durch London die unterschiedlichsten Facetten des Alltags und der Kultur der Metropole des United Kingdoms auf. An den Geheimnissen des unerklärbaren Nationalsports Cricket läßt er den Leser ebenso teilhaben wie an dem letztlich doch bescheidenen Privileg, von der Queen zur Garden Party eingeladen zu werden. Kröncke gewährt Einblicke in die Londoner Lebensart und wandelt auf den Spuren von Charles Dickens oder Sherlock Holmes.

»London-Maniacs aller Herren Länder vereinigt euch – und lest dieses Buch! Gerd Kröncke zeichnet mit flockigen Reportagen und feinfühligen Feuilletons ein faszinierendes Bild der Weltmetropole. Kröncke liebt diese Stadt, das spürt man in jeder Zeile.« KLEINE ZEITUNG

132 Seiten, Leinen mit Schutzumschlag
ISBN 3-85452-704-7

Picus Verlag Wien

Lesend reisen mit den Picus Lesereisen

Ralf Sotscheck
Saint Patrick in der Bingohalle
Irische Einblicke

Wie kommt man in einem hoffnungslos überfüllten Pub, in dem sich Stimmengewirr, Gläserklirren und Livemusik auf der Bühne einen harten Konkurrenzkampf liefern, zu einem Getränk? Dies ist nur eine der typisch irischen Fragen, denen der Wahl-Dubliner und »taz«-Korrespondent Ralf Sotscheck auf den Grund geht. Liebenswerte Eigenheiten des irischen Alltags, wie die Heiratsmärkte oder das traditionelle Bingospiel nach der Sonntagsmesse, die Begeisterung für den Nationalsport Hurling oder das Mirakel, daß Irland allen gegenteiligen Bemühungen zum Trotz immer wieder den Eurovisions-Song-Contest gewinnt, werden in Sotschecks Stories ebenso lebendig wie die prägenden Merkmale von Politik und Kirche auf der grünen Insel: So erfährt man von der Bedeutung des Sports als Rekrutierungsfeld für die Politik und daß sich Opposition wie Regierende aus den selben Bestechungsgeldtöpfen bedienen; daß Irlands Kirche zwar für die Beibehaltung des Scheidungsverbots eintritt, aber alljährlich 200 Ehen annuliert, und nicht zuletzt, wie beschwerlich der Fußmarsch auf den Croagh Patrick ist, den alljährlich 60.000 Pilger auf sich nehmen.

132 Seiten, Leinen mit Schutzumschlag
ISBN 3-85452-718-7

Picus Verlag Wien